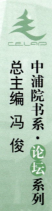

中浦院书系·论坛系列

总主编 冯 俊

转型、创新、现代化：昆山样本

Zhuanxing Chuangxin Xiandaihua: Kunshan Yangben

王友明　主编　　唐灿明　副主编

人民出版社

总 序

中国浦东干部学院（简称中浦院，英文名称为 China Executive Leadership Academy, Pudong, 英文缩写 CELAP）是一所国家级干部教育院校，是由中组部管理的中央直属事业单位，地处上海市浦东新区，上海市委、市政府对于学院的建设和发展给予了大力支持。2003 年开始创建，2005 年 3 月正式开学。学院开学之际，胡锦涛同志发来贺信，提出要"努力把学院建设成为进行革命传统教育和基本国情教育的基地、提高领导干部素质和本领的熔炉以及开展国际培训交流合作的窗口"，以及"联系实际创新路、加强培训求实效"的办学要求；习近平同志希望中国浦东干部学院"按照国际性、时代性和开放性要求，努力加强对学员进行马克思主义最新理论成果的教育，进行改革开放和社会主义现代化建设新鲜经验的教育，在帮助学员树立国际视野、提高执政能力方面更有特色"。学院紧紧围绕党和国家的工作大局，依托长三角地区丰富的革命传统资源和现代化建设实践资源，把党性修养和能力培养、理论培训和实践体验结合起来，紧扣改革开放、走中国特色社会主义道路的时代精神这条主线，坚持创新发展、特色发展、错位发展，走出了一条现代化、高水平、具有自身特色和优势的培训新路子，在国家级干部

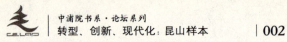
教育培训格局中发挥着不可替代的独特作用，得到广大干部的好评和社会的广泛认可。

"中浦院书系"是基于学院办学特点而逐步形成的，也是过去 10 年教学成果的积累。为适应干部教育培训改革创新的要求，学院在培训理念、教学布局、课程设计、教学方式方法等方面进行了一系列的新探索，提出并构建了"忠诚教育、能力培养、行为训练"的教学布局。忠诚教育，就是要对干部进行党的理想信念教育和世界观、人生观、事业观教育，教育干部忠诚于党的事业，忠诚于国家和人民的利益，忠诚于领导者的使命和岗位职责，围绕马克思主义中国化的最新成果开展基本理论教育。能力培养，就是要着力培养干部领导现代化建设的本领。建院以来，学院着力加强领导干部推动科学发展、促进社会和谐能力的培训，尤其在改革创新能力、公共服务能力、社会管理能力、国际交往能力、群众工作能力、应急管理能力、媒体应对能力方面形成了独具特色的系列课程。行为训练，就是通过必要的角色规范和行为方式训练，对领导干部进行岗位技能、行为品格、意志品质和心理素质的训练，比如时间管理技巧、情绪控制方法、媒体应对技术等，通过采取近似实战特点的行为训练，提高学员的工作技巧和岗位技能。学院在办学实践中逐步构建起课堂讲授、互动研讨、现场教学、案例教学、研究式教学、情景模拟式教学综合运用、相得益彰的培训特点。

"中浦院书系"包括了学院在教学科研过程中形成的如下几个系列。

大讲堂系列。对学院开设的讲座课程进行专题整理，形成了《改革开放实践与中国特色社会主义理论体系》、《全面提升开放型经济水平》、《城市经济结构战略性调整》、《城市创新驱动发展》、《城镇化与城乡发展一体化》、《国企改革与发展》、《生态文明建设》、《加强社会建设和创新社会管理》、《党建改革与创新》等 28 个专题。学院特别强调开放式办学，师资的选聘坚持"专兼结合、以兼为主"的原则，从国内外选聘具有丰富领导经验的官员、具有较高学术造诣的专家学者以及具有丰富管理经验的企业家作为学院的兼职教师，尤其注重聘请那些干过并干好事情的人来培训正在干事情的人。目前，学院已形成 1000 余人的相对稳定、不断优化的兼职教师队伍。大讲堂系列所选入的专题讲座，只是部分专兼职教师的精彩演讲，这些讲座内容不仅对广大领导干部的学习具有参考价值，而且对那些热衷于思考当代中国社会热点问题的人也有启发作用。

案例系列。案例教材是开展案例教学的基本条件，为促进案例教学，学院立足于构建有中浦院特色的案例教学模式和干部教育的案例库。目前已经完成了包括《科学决策案例》、《高效执行案例》、《沟通艺术案例》、《组织文化案例》、《组织变革案例》、《危机管理案例》、《教育培训案例》、《心理调适案例》八本案例集。建院十年来，学院非常重视开发、利用和积累鲜活的和富有中国特色的案例，把案例开发和教学紧密结合起来，初步形成了案例开发与应用的新机制。学院通过公开招标，设立了十多个教学案例研究开发课题，并将案例及时运用到教学中去，"危机决策流程模拟"等一批案例教学课程受到学员欢迎。2009 年，学院设立了"改革开放经典案例研究"专题项目，"基层党建优秀案例征集与评奖活动"，2012 年又进行了"科学发展观案例"的收集与整理，采取与社会各方面力量合作的方式，进一步丰富了学院教学案例库。

论坛系列。学员在干部培训中的主体地位越来越受到重视，在各专题班次上我们组织学员围绕主题展开讨论，变学员为教员，成为中浦院课堂的主角，形成了具有中浦院品牌特色的"学员论坛"。比如，省部级干部"应对金融危机、保持经济平稳较快增长"专题研究班，"建设社会主义新农村"专题班，"现代城市领导者专题培训班"，还有西部开发、东部振兴、中部崛起等区域经济社会发展专题研究班，中央直属机关各种专门工作的特色专题班的学员，他们熟悉其所在领域的工作，对问题有独到的见解，他们走上讲坛，作出精彩的演讲，既活跃了学院培训工作的氛围，也为学院今后的相关培训提供了鲜活的素材。

研究报告系列。学院提出"科研支撑和服务教学"的发展战略，鼓励教师积极参与科研工作，组织了系列研究报告的编撰工作。如：

《中国领导学研究报告·2006—2008》、《中国干部教育培训发展报告·2009》、《公共危机管理典型案例·2009》、《公共危机管理典型案例·2010》、《公共危机管理典型案例·2011》、《公共危机管理典型案例·2012》等，这些研究报告是我们追踪学术前沿，进行理论探索的结晶。

在我们未来的发展中，也许还会增加国外学术成果的翻译系列，和当代中国研究的英文系列，待准备成熟之后逐步推出。

总之，"中浦院书系"是一个开放式的为干部教育培训服务的丛书系列，是体现中国浦东干部学院特色的学术成果集。参与"书系"编写工作的不仅仅是中浦院的教研人员，而且包括社会各界关心中浦院发展的领导、学者和实践者。当然，还有学院的学员、兼职老师以及很多关心支持中浦院工作的人士，他们为"书系"的出版也做了大量工作，不能一一列举，在此一并致谢。这项工程得到了人民出版社领导、编辑的大力支持，他们为"书系"出版付出了辛勤的劳动，在此表示衷心的感谢。

中国浦东干部学院常务副院长　冯　俊

2014 年 1 月

目录

中浦院书系·论坛系列

中浦院书系 · "论坛系列" 序言

　　在改革开放和社会主义现代化建设的进程中，哲学社会科学与自然科学同样重要。在哲学社会科学中，基础研究和应用对策研究同样重要。在应用对策研究中，干部培训院校和高校、科研院所同样可以发挥出重要作用。

　　第一个判断由《中共中央关于进一步繁荣发展哲学社会科学的意见》作出，第二个判断已经成为哲学社会科学界的普遍共识，第三个判断的依据是：干部培训院校拥有一支训练有素、踏实精干的研究队伍，一个熔研究者、决策者、执行者于一炉的独特平台，一种学以致用、服务大局的目标追求。

　　注重研究、长于研究是干部培训院校区别于一般培训机构的重要特征，也是干部培训院校超越一般培训机构的重要支点。中国浦东干部学院作为一所新型的国家级干部学院，不仅每年培训数以万计的中高级领导干部，而且承担着数以百计的课题研究任务，其中的主体研究类型就是应用对策研究。这些研究以我国改革开放和现代化建设的实际问题为中心，着眼于马克思主义和中国特色社会主义理论的运用，着眼于对实际问题的理论思考，着眼于新实践、新经验、新挑战，着眼于长三角地区的改革与发展，其成果不仅是学院开展高质量教学的认识基础、素材宝库、源头活水，而且日益发挥出党和政府"思想库"和"智囊团"的作用。

课题研究成果可以转化为决策咨询成果，但其转化必须满足多个条件。首先，要精心设计研究主题，使之切合决策者的工作需要，急干部之所急，忧干部之所忧，谋干部之所谋；其次，要作出有应用价值的研究成果，不是为了研究而研究，更不是为研究经费而研究，而是对现实负责，努力寻找客观规律，作出可信、可行的成果；最后，要采用适当的形式、搭建通畅的通道，研究成果要以领导干部容易理解、便于接受的形式进行呈现，并且要让决策者较为便利地及时知悉最新的研究成果。所以，高价值的决策咨询研究不仅需要科研工作者的努力，而且有赖于科研管理工作者的积极引导与不断创新。

中浦院长三角改革发展系列课题（以下简称为"长三角课题"）是以服务于长三角改革开放和现代化建设为直接目的的应用对策研究。2009 年首批设立的 52 项长三角课题覆盖经济、政治、文化、社会、生态等各个主题，与金融危机发生发展的大背景紧密结合，体现出保增长、调结构、惠民生的现实工作需要；2011 年第二批 26 项课题则突出对长三角产业转型升级、城镇化与城乡一体化、社会管理创新等热点、难点问题的回应，强调选题的应用性、前瞻性。为确保课题产出有价值的决策咨询成果，我们公开遴选兼具理论研究素养和丰富实践经验的研究者承担课题，要求其将解剖长三角典型案例作为研究的必要内容，将递交决策咨询成果作为课题结项的重要依据。长三角研究优秀成果交流会便是我们在研究成果呈现与转化形式上的创新探索。

2012 年 6 月在昆山举行的长三角研究优秀成果交流会，就是让当地党政领导干部"点菜"，我们根据已取得的课题成果进行"配菜"，让专家"厨师"们根据干部所需现场烹饪，献上一桌合乎当地需要、富有"营养"的思想盛宴。为此，我们在会前面向昆山市委市政府各职能部门征集到一批需要解答的现实问题，精心挑选出 11 份对昆山有启发价值的决策咨询报告，并将来自中国浦东干部学院、上海市政府发展研究中心、南京大学、浙江大学等单位的知名专家学者组团带到昆山。

　　面对昆山市委市政府各职能部门的负责人，专家们不仅结合自己的课题研究成果做了富有启发的主题发言，而且围绕"昆山产业转型升级的难点及对策"和"昆山率先基本实现现代化的路径选择"两个核心议题进行互动研讨，提出许多有建设性的工作建议和参考思路。这一做法实现了集中化的成果呈现、组团化的决策咨询、走动式的智囊服务，让当地领导干部在短时间内便获得了大量的研究成果信息，在家门口便能向诸多专家学者面对面求教，使决策咨询变得便捷、高效。

　　将研讨会的咨询报告和专家发言集结成书是对长三角课题研究成果的决策咨询价值做再一次挖掘。昆山作为全国县域经济的领头羊，其改革发展的经验和挑战都具有很强的样本意义，所以对昆山的研究与咨询同样带有很强的样本意义。我们希望专家们对昆山的研究和咨询不仅能够助力昆山的发展，而且能够启发长三角地区乃至于全国县级区域的发展思路，帮助领导干部更全面地认识产业转型、认识创新驱动、认识现代化，进而转化为更为科学的决策、更为有效的行动。

　　　　　　　　　中国浦东干部学院常务副院长、教授　冯　俊

转型与融合：长三角地区一体化发展的体制机制建设

张颢瀚

（江苏省社科联党组书记、常务副主席、教授）

2010 年国务院批准实施的《长江三角洲地区区域规划》，把长三角地区定义为全国发展基础最好、体制环境最优、整体竞争力最强的地区之一，并把长三角扩展到江苏、浙江与上海两省一市的全部区域，并明确提出把长三角地区建设成为亚太地区重要的国际门户、全球重要的先进制造业基地、具有较强国际竞争力的世界级城市群。从长三角区域合作的发展历程来看，长三角区域一体化已经由在生产要素和产业布局层面上的"浅表一体化"演进到涵盖基础设施建设、基本公共服务、城乡规划、环境保护、产业布局等一体化内涵要素的"深度一体化"发展阶段。① 如何在体制转型中实现融合发展，这是长三角区域一体化面临的重大而紧迫的时代课题。

---

① 所谓"浅表区域一体化"，一般是指通过消除政策干预和减少市场分割来增强竞争的一种区域经济一体化模式，如亚太经合组织（APEC）；"深度一体化"是指通过一系列制度建构，解决区域经济、社会、生态等的协同发展问题，如欧盟（EU）。参见 Maurice Schiff and L. Alan Winters：《区域一体化与发展》，中国财政经济出版社 2005 年版，第 97 页。

一、转型中的博弈：既有体制的困境与挑战

（一）政府行政主导：现行长三角区域
一体化模式的局限性

　　政府主导型模式在启动区域一体化进程时确实具有巨大优越性，可以在短时间内凝聚共识、制定政策并通过强有力的行政权力加以推行。然而，这一模式有其自身的局限性：

　　一是政府主导的制度安排并不一定最合理科学。在政府主导型的区域一体化模式中，区域公共政策制度安排主体呈现单一化倾向，政府往往是最重要、也是最终的制度创新主体，区域一体化进程在很大程度上依赖于政府内的官方主体来推动，政府在区域规划方面的科学性和可行性直接影响和决定了区域一体化进程的状况。政府的制度偏好与市场的运行方式、民众的制度偏好、社会的实际需求有可能出现偏离甚至完全背离。上级政府受制于"信息非对称"问题的约束和限制，在区域公共政策制定过程中，通常难以作出比较全面的考量。

　　二是政府的能力与意愿并不一定适合市场需求。政府体系是一个等级制官僚体系，政府主导的区域一体化模式也是一个政府"自上而下"进行指导的模式。由于政府的决策能力、执行能力、号召能力受到诸多因素的制约，政府推行的某些制度，很难真正内化为社会生活和经济运行的秩序，也不易内化为民众的价值认同与自觉行为。随着区域一体化的深入发展，区域地方政府内部往往有突破现有体制和制度的限制，寻求区域间协作的需求，在行政主导模式下却往往受制于行政级别，难以达成愿望，错失发展良机。

　　三是政府主导的制度供给模式缺乏必要的监督。由于现行政治体制

及运行机制中监督机制尚不健全，客观缺乏对政府主体的有效约束。政府行为往往缺乏成本约束，制度政策的推行、市场主体的适应遵循需要消耗大量的行政成本。政府在主导区域一体化进程中就有可能通过区域政策"寻租"、"设租"或者"抽租"，这在地方行政体系中尤其突出和明显，长三角区域合作中存在着的地方保护主义和地方政府间的恶性竞争，一定程度上影响了区域整体经济社会绩效。

（二）体制转型中政府主导型一体化模式困局的制度成因

1. 非合作博弈：地方政府自利性引发的区际利益冲突

行政区经济是中国区域经济发展的主要特征之一，政府行政绩效考评体系在财政分权体制形成后，更加强化了地方政府的"经济人"角色。在本位利益的驱使下，地方政府的非合作博弈主要表现在以下方面。

一是政治晋升锦标赛下地方政府间的非合作博弈。地方政府竞争，虽然在形式上表现为政府之间的竞争行为，但实质上是各地政府官员之间竞争，是一种嵌入在经济竞争中的政治晋升的博弈，而且还是一种零和博弈。锦标赛让地方官员对本地经济发展负责，也使得他们不惜用各种手段去推进经济发展，国外有学者将这种现象称为"中国特色联邦主义"。在这种竞争的内在驱动下，同级政府间的合作意愿往往被"锦标赛规则"瓦解。

二是行政分割体制下的地方政府间的非合作博弈。在分权化为特征的体制架构下，无论是对地方政府的政绩考核，还是财政、税收、金融、统计等部门的目标管理制度，都是以行政区利益增长为主要目标的。所以，在以激励地区经济增长为根本特征的体制构架下，横跨三个省级行政区的"长三角区域合作"一直受到因行政区分割而形成的利益分割格局的约束，重复建设、行政壁垒、过度竞争、非合作博弈等区域性经济问题，生产要素流动与行政壁垒的矛盾、区域产业资源整合与地方利益最大化的矛盾，实际上都与政府对行政区利益的追求与保护而密切相关。在长三角地区，近年来一方面合作趋势在不断加强，另一方面，也在诸多领域不同程度的存在非合作博弈现象，使得长三角区域内形成一种复杂的竞合格局。

三是集体行动困境中的地方政府间的非合作博弈。长三角区域合作可以理解为一种集体行动。目前，学者关于什么是集体行动的困境（或社会困境）的描述主要集中在三个经典性的比喻性描述上——共用地悲剧、囚徒困境和搭便车问题。集体行动不一定能导致集体利益或公共利益，这是因为，一方面参与集体行动的各个省市之间的理性、利益、偏好、目标以及所拥有资源等存在差异。另一方面，组织集体行动本身就相当困难。在区域一体化进程中，由于各层级的利益主体（包括省级、各地级市）之间存在的利益差异，以及各利益主义内部协调的差异，导致在环境保护、产业合作等诸多领域可能采取机会主义行为，最终可能会陷入集体行动困境。

2. 制度缺陷：都市圈经济与行政区经济面临结构性矛盾

都市圈经济本质上以都市圈为地理单元的经济区，是一个以中心城市为依托，在生产流通等方面存在分工和协作，各类经济资源具有较强聚集性和辐射性的经济区域综合体，其主要特征是"中心—外围"市场结构和市场自发配置资源的高效性集聚经济。而行政区经济的最显著的特征是，地方政府全方位主导经济运行的全过程。

表1　都市圈经济与行政区经济的主要区别

	都市圈经济	行政区经济
1. 经济运行主导力量	以市场为导向和动力，企业自主性高	以政绩为导向和动力，政府干预性强
2. 利益分享与均衡	市场利益共享	利益诉求非共享，利益分割
3. 行为界限	市场开放，规则统一，竞争公平	权利空间固定，边界封闭，行政壁垒
4. 参与主体	地位平等，利于横向合作	强调行政级别，利于发展纵向关系

行政区经济与都市圈经济的矛盾对长三角一体化发展的约束，具体表现为：一是要素流通领域的分割依然存在，各省市规则不统一、信息不透明、存在行政壁垒三个方面。其对内开放程度滞后于对外开放程度，使得市场对资源的配置作用无法有效发挥，难以实现资源的优化组合。二是经济发展缺乏协调，同质性产业依然严重。三是基础设施重复建设。虽然在铁路、高速公路等线状、网状基础设施建设上基本实现了一体化，但无法形成一个覆盖全区域有公共产品供给主体，港口、机场等枢纽型基础设施的建设仍存在大量重复。四是环境一体化治理难以为继。以行政区为基础的治理模式导致了生态分割，产生了跨界污染问题。

3. 制度缺位：现有区域合作制度体系不完善

长三角区域经济一体化受制于各种制度因素的影响而一直无法取得关键性的进展，在现实经济运行中甚至出现去一体化倾向。这主要表现在如下方面：

一是区域协调的组织体系缺失。目前长三角地区经济协调基本上停留在非制度化阶段，一些区域性组织的协调仅表现为地区领导人之间的一种承诺，缺乏法律效力和刚性约束。更为关键的是，在地方政府职能没有真正转变到位的情况下，政府之间的协调依然是行政干预。

二是统一的市场规则缺失。一整套受普遍认同和遵循的统一的市场规则，对区域一体化的发展发挥着至关重要的基础性作用。当前，长三角一体化进程受地方政府行政区划及由此造成的地方本位利益严重制约，一直没有形成适应经济全球化和经济网络化需要的统一的市场和市场规则。

三是地区制度差异扩大。由于各省市的战略定位和经济社会发展战略存在一定差异，造成各地区的政策导向等制度安排不完全相同，政策性差异的影响在短期内无法消除。

四是区域协调机制弱化。建立有序的地区协调机制降低交易成本与建立可靠的市场竞争秩序，是深度一体化的重要环节，但就目前的情况

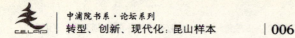
来看，区域经济运行和一体化进程往往受制于地方政府的本位利益，阻碍统一市场体系的形成和市场在资源配置中基础性作用的有效发挥，地区之间的协调无法正常有序地展开。

4. 体制异化："压力型体制"下地方政府的策略主义运作

在行政区内，各级组织实际上是在评价体系的压力下运行的。但省（市）之间的区域协调往往缺乏强制性，存在约束力不足的问题，这也是长三角区域一体化程度在整体上弱于珠江三角洲区域一体化的重要根源，因为后者是在同一省份之内进行的。

5. 法律缺失：区域性法律缺失加剧了都市圈经济与行政区经济的矛盾

区域性法律法规的缺失，尤其是缺乏一个跨地区、跨省市的"区域法"，造成长三角一体化进程中的一些重大问题缺乏法律法规的保障，引发了税收优惠政策上的冲突、劳动法规方面的冲突、道路交通安全管理法规的冲突以及环境保护方面的法规冲突等，在行政许可、行政处罚、技术标准设置方面也存在较大差异。

二、建构中的融合：协同利益的协调与均衡

经济一体化的实质，就是要在合理分工与充分协作的基础上，形成各行政主体所共同追求的、各经济主体所能够共同分享的共同利益。因此，长三角一体化的发展过程，也是区域共同利益目标的探索过程和区域共同利益机制的形成过程。从这个意义上来说，共同利益机制就成为了长三角经济一体化的核心基础和推动力的源泉。当然，在不同的时间、地点和领域，区域共同利益的内涵与外延具有动态性和不确定性，关键是能否找到不同时点上的共同利益"平衡点"，进而推动一体化融合发展。

（一）建立长三角区域一体化的利益协调机制

1. 优化长三角一体化的利益协调方式

由政府推动的长三角一体化进程不仅依赖于政府的意愿和作为，更依赖于市场的驱动。一体化的最终动力来自于企业和企业家追逐利润的意愿和作为，在更大的地理范围和市场空间配置生产要素与组织生产，从而促进整体区域经济的融合与发展。区域利益协调可以采取各方共同参与的区域协定或区域公约的形式，例如采取区域公约的方，开放共同市场，统一开发利用自然资源和区域生态保护，在招商引资、土地批租、外贸出口、技术开发等方面形成统一法规，建立协调与管理制度等；也可以使用局部协商或双方协议的形式作为补充，主要是利益均衡和补偿。长三角一体化的利益协调应当充分考虑都市圈经济与行政区经济的协调与均衡、二省一市间的协调与均衡、各市间的协调与均衡。

2. 完善长三角一体化的利益协调机制

《长江三角洲地区区域规划》提出长三角地区的发展目标之一是建设具有较强国际竞争力的世界级城市群。发挥上海的龙头作用，努力提升南京、苏州、无锡、杭州、宁波等区域性中心城市的国际化水平，走新型城市化道路，全面加快现代化、一体化进程，形成以特大城市与大城市为主体，中小城市和小城镇共同发展的网络化城镇体系，成为我国最具活力和国际竞争力的世界级城市群。根据机会均等、公平竞争、利益兼顾和适当补偿的原则，逐步建立和完善事前协调与事后协调相结合的区域利益协调机制。

一是事前协调的"利益分享"机制，指区域各方经过事先协商一致达成一定的区域协定或区域公约，使区域各方都具有同等的发展机会和分享经济利益的权利，体现机会均等、公平竞争的原则。国家通过产业政策的调整，使同一产业的利益差别在不同地区间合理地分布，尽可能照顾到各地区的经济利益；通过调整产业政策，利用不同区域的发展优势，合理实现产业的纵向分布，使不同产业的利益在不同地区实现合理分享。

二是事后协调的"利益补偿"机制，是通过多种途径对参与区域分工而蒙受损失的一方事后进行一定补偿，或者对区域内发展缓慢的落后地区给予一定的支持，体现利益兼顾和适当补偿的原则。补偿的对象应该包括两类：一类是区域合作中处于弱势地位且受到利益损害的利益主体，另一类是区域合作中为了区域整体利益作出牺牲的利益主体。补偿的主体，一是政府，二是区域合作中的获利丰厚的群体。政府承担一定的利益补偿责任，用以化解区域合作中的利益矛盾与冲突，是政府推进域合作和维护区域稳定的正当举措。①

3. 建立长三角一体化的利益均衡机制

通过建立利益表达和对话渠道，引导各个利益群体以理性、合法的形式表达利益诉求，并通过一定的规则制度程序整合到公共政策中去，使各种利益群体的利益表达理性化、合理化，最终使公共政策、公共产品和公共服务的供给，以及行政权力的配置有助于实现利益均衡。借鉴欧盟的成功经验，设立保证制度执行的长三角区域合作发展基金，包括投资贸易促进基金、研发创新基金、项目风险基金、产业发展协调基金、人才培养和就业指导基金、区域内地区发展平衡基金等带有不同专项功能的基金等，有助于实现区域一体化的均衡机制。例如，2011 年长三角地区主要领导人会议原则同意《长三角合作与发展共同促进基金管理办法（试行）》，决定在 2012 年基金正式设立后试行，探索建立新型的管理体制和运行机制，更好地促进长三角一体化融合发展。

4. 探索长三角地区财政转移支付制度

财政转移支付，一般是指上级政府为协调地区经济发展，实施宏观调控，将其所掌握的一部分财力转移给下级政府支配、使用。长三角地区各地发展存在不平衡现象，影响到区域合作制度中权责匹配原则的落实，

---

① 参见庄士成：《长三角区域合作中的利益格局失衡与利益平衡机制研究》，《当代财经》2010 年第 9 期。

从而影响到各级政府参与区域合作的积极性。为此，长三角地区应积极探索建立地区财政转移支付制度，为区域合作提供更加有效的财力支撑。

一是探索建立长三角区域共同财政预算。与在某一个行政单元内进行财政预算相比，在不存在隶属关系的行政区域内建立区域共同财政预算的难度要大得多。当务之急，是由一个具有权威性的区域合作机构牵头，如可由长三角城市市长联席会议牵头，负责区域共同财政预算制度的研究与政策制定、监督与修订。在具体的制度安排上，需要确定财政收入来源于共同支出目标，同时应明确区域共同财政支出仅限于区域一体化事权范围。对区域公共产品的财政资助上，按照混合公共产品的特点，主要由项目牵头方和主要受益方承担，并确定区域资助额的一个最高比率。

二是探索实施区域内横向财政转移支付。横向财政转移支付除具有转移支付的一般特征外，还具有明显的社会补助、民族扶持、资金来自于财力富裕地区、资金转移直接、透明、高效等特征。在促进区域合作，推动区域共同发展方面，将发挥纵向财政转移支付不具备的特殊功能。[1] 长三角地区是我国经济最为发达的地区之一，整体经济实力和财力雄厚，具备承担由参与区域合作而产生或加剧的财政失衡的物质基础。根据长三角地区实际，横向财政支付体系应根据在根据地区财力的强弱和公共服务水平的高低，确定并动态调整转移支付资金的规模和结构、运作方式和计算方法，逐步建立横向财政均衡体系和监督制度。

（二）建立规范长三角区域合作的利益约束机制

区域一体化进程中不同成员发生利益冲突，或者成员局部利益与

---

① ［加］理查德·伯德麦、克尔·斯马特：《政府间财政转移支付对发展中国家的启示》，《经济社会体制比较》2005 年第 5 期。

全局利益不统一的时候，单单依靠各地方政府的自觉意识难以实现协调发展，所以需要建立可行的利益约束机制，对成员进行规范和限制。

1. 建立不同效力等级的法律法规

一是在国家层面制定法律法规，引导和规范区域合作。二是在没有全国人大出台法律的情况下，前述的具有约束力的区域合作组织可以制定规则，约束成员和区域合作执行机构的行为。规范的主要内容有：区域合作成员在合作关系中应遵守的规则，包括对合作成员任意干预经济的约束，对成员搭便车行为的约束等；在成员违反区域合作条款后应承担的责任，对违反区域合作规则所造成的经济和其他方面损失应做的经济赔偿规定，以加强对合作成员的风险约束。

2. 建立区域政府间博弈的制度约束

一是构建综合而长效的政绩考核制度。遏制地方官员的逐利行为，有利于推进地方政府组织的能力建设。

二是建立行政监督检查制度。政府是最典型的以层级关系形成的体系，上级政府可凭借行政监督权对地方政府间的博弈进行宏观协调，督促地方政府在博弈过程中有所为或有所不为，以使其履行其区域管理参与的责任。

三是建立行政审计制度。地方政府一切财务事项的记录、报告与验证以及其他方面的绩效都要纳入审计当中，以鉴定其职能行为的正确程度以及财务行为的合法程度。这有利于消除因信息不对称所导致地方政府间博弈的"道德风险"与"逆向选择"。

三、规范中的对接：制度环境的完善与优化

区域深度一体化的本质在于区域制度一体化，区域一体化融合发展

是区域合作的最高阶段。① 当前长三角区域合作进入了一个以政府为主体的制度合作阶段，其标志性事件是 2010 年《长江三角洲地区区域规划》的出台。区域制度一体化，也就是区域合作制度的体系化，是指在规划和落实区域发展战略过程中，一切制度化的安排，要以区域发展为中心，把每个合作要素看成是整个区域合作制度中的不可忽视的重要组成部分，对所有合作要素进行系统地、全方位地有机整合，促使合作的效果最大化和实现多方的共赢。② 推进制度对接，建立同质化的制度环境既是区域一体化融合发展的目标，也是推进区域合作的保障。

（一）创新长三角区域合作机制的总体思路

1. 市场机制是规范整合的结合点

由于区域经济一体化演进是城市主导下的内生演变过程，有其自身的运动规律，而完善的市场机制是保证其运行不受阻碍的前提条件。因此，地方政府尤其是各级城市政府部门的工作重点应该是为市场机制的完善铺平道路，维护市场经济秩序及其正常运行。③ 在都市圈经济与行政区经济的协调整合中，一方面，要充分发挥市场配置资源的基础性作用和企业的竞争主体作用，另一方面，也要积极发挥政府规范市场行为的宏观调控能力。市场机制建设的核心是建立与国际接轨、发育完善、运作规范的一体化市场体系。就长三角而言，应重点建设要素流通和产权交易市场体系，以市场为基础统一配置资源，实现要素合理流动，实

---

① 弗里德曼（1966）提出，区域经济的持续增长将推动空间经济朝着一体化方向发展，分别经历缺乏等级结构的独立地方中心阶段、单个强有力中心阶段、单个全国性中心和外围地区次中心形成阶段和一体化阶段。其中一体化阶段是区域经济发展的最后阶段，也是最高阶段。

② 参见强昌文：《以契约精神引领区域合作制度的发展》，《江淮论坛》2012 年第 1 期。

③ 参见罗蓉、罗雪中：《论区域经济一体化演进机制及城市主道作用》，《社会科学战线》2009 年第 9 期。

现企业之间、城市之间的资产调整和重组，从而弱化经济发展的行政干预。企业作为经济主体地位的确立是市场机制建设的关键，为此必须明确界定企业和政府的责任与权力，减少政府对企业竞争的过度干预。在市场机制建设中，政府的作用主要在于，通过建立和实施市场运行规则，为市场主体营造统一的政策环境，以进退规则规范市场主体的经营功能、责任和义务；以竞争规则规范市场主体的竞争行为，营造公平竞争的环境；以交易规则建立交易双方权利和义务相互制约的关系。

2. 利益共赢是协调整合的核心与关键

都市圈经济与行政区经济的利益主体存在显著差异。实现市场主体与行政主体以及不同行政主体之间的利益共赢，实现个体利益最大化与整体利益最大化的同步推进，是都市圈经济与行政区经济协调整合的基础与核心，也是长三角一体化融合发展的关键。利益共赢首先应实现利益主体地位的对等，如若凭借行政等级、城市规模或经济实力等获取特殊利益，势必造成弱势主体利益受损，诱发权力寻租行为，从长远来看也将损害强势主体的利益。地位对等应建立在市场机制基础上，不同行政主体应借助于市场手段，通过发挥自身的自然资源、劳动力、资金、技术等比较优势获取相对利益，共同管理区域性公共事务，以避免重复建设、恶性竞争造成的损失。建立在利益共赢原则上的协商对话，是长三角各级政府摆脱囚徒困境、实现利益共赢的有益途径，为此应建立都市圈信用体系和政务公开体系，强化政府的信用管理，实现政府间的互信、互通。

3. 政府职能转变是协调整合的枢纽与突破口

在体制转轨过程中，政府职能转变不到位是行政区经济产生的深层根源。实现地方政府由经济开发型政府向公共服务型政府转型为目标，淡化行政区划的经济功能，强化其政权建设、社会管理和公共服务功能，是都市圈经济与行政区经济协调整合的枢纽。政府职能转变并不意味着长三角各级政府在经济一体化发展中无所作为，而是"有为"手段的变化，由直接干预经济变为营造共同发展的环境，其目的是实现政府与市场力量的协调。

4. 区域合作组织是协调整合的中介与平台

区域合作组织是合作的执行者，是都市圈经济与行政区经济协调整合的载体，其建设要立足宏观、中观、微观三个层面。宏观层面，在国家权力下放的同时，地方政府在平等自愿的基础上，将一部分职权让渡给区域合作组织，成立长三角市长联席会、都市圈委员会或城市共同体等类型的区域协调组织，负责制定都市圈发展战略和政策，对计划的执行进行统一监督、调控，对区际重大矛盾进行协调和仲裁。中观层面，成立具有跨界服务功能的政府协调与运作组织或社团组织，发挥其沟通政府和企业的纽带作用，提高其在都市圈合作政策制定中的参与能力，为长三角一体化发展提供运作平台，并将其纳入法制化管理轨道。微观层面，以市场为导向，推进企业的跨区域投资和联合，积极稳妥地发展跨部门、跨行业、跨地区的大型企业集团或企业联盟以及相关的行业中介。各类区域合作组织是长三角一体化的直接推动主体。长三角协作与一体化需要相应的组织推动和法规规范，在新的发展阶段，应根据新的战略目标，进一步提升长三角区域协作的机构功能，完善进行机制。

5. 区域共同治理的政策法规体系是协调整合的保障

长三角一体化融合发展建立在法治合作基础上，方能规避地方政府的无序竞争和诸侯经济。一是在土地批租、招商引资、人才流动等方面制定统一的规则并将其具体化，以此为依据对长三角的地方性法规进行清理，不符合规则的依法予以废止或修改，以谋求多元规制的协调，营造公平、无差异的市场运行环境。二是制定长三角区域发展规划及基础设施规划、环境保护规划等专项规划，对都市圈的重大设施建设、生态环境保护、社会事业发展等作出具有法规性质的综合部署。三是探索有利于区域协调发展的制度体系，并且通过设立地方性法规和规划立法等措施赋予其应有的法律约束力和权威性，设置常设机构对各项规则的执行进行实时监控，对违规行为依法进行约束和制裁，避免各项合作政策的"议而不决、决而不行"。

（二）创新长三角地区区域合作的制度环境

制度环境是指一系列用来建立生产、交换与分配基础的政治、社会和法律基础则。相对于治理机制而言，制度环境是一个社会中所有制度安排的总和，往往保持相对稳定，它实际上是具体治理机制发挥作用的外在环境。[①]

1. 创新区域合作机制

《长江三角洲地区区域规划》提出长三角地区的发展目标之一，是建设具有较强国际竞争力的世界级城市群。发展经济，推动区域科学发展仍然是长三角地区的核心任务。由此，长三角创新区域合作机制的重点就是创新区域经济协作机制。

一是强化核心区和非核心区的联动发展机制。在核心区，要以上海为龙头，南京、杭州为两翼，增强高端要素集聚和综合服务功能，提高自主创新能力和城市核心竞争力。推动核心区城市之间的融合，加快形成世界级城市群。在非核心区，要促进苏北、浙西南地区发展。在核心区和非核心区之间，可探索通过园区共建、科技合作、社会一体化等途径，拓宽合作方式，增强合作效果。

二是构建港口群、区域与交通联动发展机制。充分发挥长三角发达的交通和港口群优势，深化港口与产业、物流、园区、港城的一体协调机制。具体策略包括：联动发展港口、海洋、城市和经济腹地；发挥出口加工区和保税区作为港城发展的重要战略资源的功能；构筑港口大交通，实现港口与腹地的联动发展；统筹规划港口、出口加工区、港城之间的空间组织关系。

三是深化重点专题合作机制。对于特定区域来说，一些特殊项目的

---

① 参见张紧跟：《区域公共管理制度创新分析：以珠江三角洲为例》，《政治学研究》2010 年第 3 期。

运作对于区域整体协调发展具有显著的带动、促进和推进作用。2010年上海世博会对长三角一体化的带动作用中相当显著。未来长三角地区可以借力 2014 年南京青奥运等重大事件以及大飞机建设的重大项目的开展，深化区域合作机制。

2. 创新区域治理机制

随着区域一体化发展的演进，需要寻求新型区域合作的治理形态，促进长三角一体化融合发展显得十分必要。长三角地区各区域之间的发展水平不同，既有广泛的相似性，也存在互补性，可以充分借鉴正式合作、民间合作、城市联盟等模式，开展区域治理机制创新。

一是创新正式区域治理机制。这是指由政府主导的获得了法律或行政认同、具有一定强制性的区域治理机制。要建立有效的大都市区治理结构，其前提就是转变政府职能，构建服务型职能。[①] 强化政府社会管理和公共服务职能，加强政府社会治安、公共应急等能力建设，提高科教文卫、就业和社会保障等社会服务水平。合理匹配地方各级政府事权和财力，增强公正履行职责的能力。

二是创新非正式区域治理机制。非正式区域治理机制往往灵活自由，主要通过协商、动员、自愿、促进等方式来实现区域集体行动。创新非正式区域治理机制要充分发挥市场机制的基础性作用，充分调动企业和各类社会机构参与区域合作的积极性。

3. 完善区域合作政策体系

"政策一体化"是指政府有意采取超出国民待遇范围的措施，通过调整、协调或对国家政策和执行的互相认可来减少管理体制所带来的区域分割的负面效果。长三角政策一体化依赖于中央政府制定一体化的区域政策。

一是健全区域产业布局政策。产业布局政策指根据产业的经济技术特性和各类地区的综合建设条件，对若干重要产业的空间分布进行科学

---

① 参见洪世键：《大都市治理：理论演进与运作模式》，东南大学出版社 2009 年版，第 281 页。

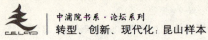

引导和合理调整的意图及其相关措施。按照各地所处的环境功能区域以及环境容量特点，合理调整安排区域内各乡镇街道职能分工，并且积极推动流域内地方政府之间环保、旅游等能启动多方合作的项目。

二是健全区域政府间合作投资政策。公共投资政策最终的目标是为了提高整个流域的水污染治理公共基础设施的建设水平，流域水环境基础设施建设和污染治理目标的实现，必须依靠机制创新和政策创新。实行区域内投资多元化，实现保护利用基础设施的整合，并且通过在统一的税收、用工、投资等方面的优惠公共投资政策引导资本进入流域内的环保产业。

三是健全区域筹资政策。作为公益性为主的工程，地方政府必须按照公共财政的要求，加大转移支付力度，在区域保护利用中起主导作用。同时，要建立区域保护利用方面的金融支持系统，要走市场化运作、社会化筹资之路。

四是构建多元利益主体协同参与的组织网络体系。组织网络模式是典型的协作性公共管理模式，它是指在跨管辖区、跨边界、跨组织或跨部门环境中，为实现共同利益的最大化，构建组织网络安排，通过多个不同组织或部门之间的对话、谈判和协商，达成协作承诺，并通过执行和实施这些承诺，联合治理单个组织或部门无法有效解决的问题。要构建与推进长三角区域一体化相适应的政府领导、社会协同、公众参与的一体化的区域网络治理格局。

（三）规范长三角一体化的法律制度

在长三角一体化进程中，在中央政府的授权下，地方政府应推动市场的规律和规则建设，清理阻碍一体化进程的经济社会规章制度，构建统一协调的区域制度规范，以此为区域一体化提供有效的制度支撑。

1. 清理阻碍长三角一体化发展的政策法规

一是清理直接或者间接造成地区封锁、地方保护以及经济割据的规定与做法。二是尽量统一区域内的法律政策（特别是规制政策）。三是统一技术标准（产品、检验方法等）的适用层级与范围。四是统一实行非歧视原则，提供平等保护（如地方著名商标互认等），执法部门间相互协助，共同维护区域内统一市场的形成。五是培育、扶植区域性行业协会，通过行业协会制定区域行业发展规划和市场规则，建立区域市场秩序，整合区域内各类市场资源。

2. 促进长三角地区地方政策的协调和对接

这是长三角区域经济联动协调和一体化的疑难重点所在，也是长三角区域行政合作协调的着力点。长期以来，地方政府大都着眼于本地的经济社会发展而制定了许多具体政策，因而产生"政策落差"、"政策竞赛"和"政策框架"等不少问题。但由于各个地方的实际情况、特别是经济发展水平和各方面的承受能力的差别也客观存在，因而也不可能在两省一市所有地方的所有经济社会政策搞成"一刀切""一律齐"。促进长三角地区地方政策的协调和对接，关键在于促进各个地方政策在其基本精神、基本作用方向和主要着力点等方面的协调一致。

3. 建立推进长三角地区法制协调的长效机制

法治的作用在于使合作具有约束性，从而减少合作中的交易成本。根据《长江三角洲地区区域规划》，长三角地区要推动形成区域相对统一的法制环境，完善区域一体化的法律基础设施建设，制定和实施区域协调统一的依法行政考核指标体系，全面推进依法行政，构建地区法制协调的长效机制。

对于长三角区域一体化等区域合作而言，所需要的法律基础有两个层面：即国家对区域经济合作的法律规范，地方性法律或法规支持。具体而言，一是建立立法协调机构。为协调长三角区域立法冲突，建议应建立长三角统一的立法协调机构，签订《长三角区域协作立法协议》，立法协调机构的组织形式可命名为长三角法治工作协调委员会。二是建立区域立法协调机制，在中长期立法规划、年度立法计划的制订以及立法决策的过程中，加强信息交流、沟通、意见征询等，力求法律政策的协调、统一。三是建立执法协调机制，通过经验交流、沟通情况，实现不同地方同一领域执法部门间执法标准、尺度、规范的协调，避免同类行为在不同地方处理上的畸轻畸重，同时，要加强行政协助，共同营造协调的执法环境。四是建立司法协调机制，共同打击违法犯罪分子，特别是一些流窜犯罪，维护地区内的和谐、安定。

（四）构建科学的政府考核评价体系

1. 建立科学的地方政府官员的绩效评价体系

一是建立科学而综合的政绩考核体系。科学、综合的政绩考核体系应随我国综合配套改革的深化而加速形成，不仅注重经济发展的速度与效率，且要更加关注经济发展的质量和社会的和谐、政治的发展，并把地方政府在协调区域内地方政府发展，促进区域经济发展方面的成绩列入考核的范围，以扭转地方政府过于追求自身利益而片面热衷于经济增长的现状。二是建立动态而长效的政绩考核机制。弱化对地方官员的考核，转而评价地方政府组织的运行质量，有利于推进地方政府组织的能力建设。

2. 完善区域一体化考核机制

开展推进长江三角洲区域一体化评价工作，是由第三方进行评价的有益尝试，有利于促进经济圈建设和一体化各项工作任务的落实和工作目标的实现，对推动长江三角洲区域一体化发展，增强长江三角洲城市群整体竞争力具有积极意义。[①] 考核指标的主要内容包括：

---

① 广东社科院在 2011 年制定了《推进珠江三角洲区域一体化工作评价指标及评价办法》，评价指标包括基础设施一体化、产业布局一体化、基本公共服务一体化、环境保护一体化、城乡规划一体化、体制机制一体化六大类。其中，"体制体制一体化"指标包括"形成一体化协作共识"、"建立一体化协作机制"、"创新一体化管理机制"。上述评价体系具有很强的针对性和可操作性，虽然该评价体系针对的是珠三角经济圈，对长三角地区有着很强的参考价值。

表2　长三角一体化融合发展地方政府考核指标

考核指标	主要评价内容
党委政府的组织协调力度	各市党委、政府组织、协调、引导和推进一体化工作的情况，经济圈核心城市在经济圈建设中的牵引和协调作用的情况
公众对一体化的满意程度	公众对一体化的知情度关注度以及公众对一体化工作推动、进展和成效的认可程度
一体化组织措施对接与落实程度	是否成立市级推进长三角区域一体化的专门机构；制定推进经济圈区域一体化的工作计划和工作措施等；一体化工作的组织协调，推进一体化领导责任和工作责任的相关规定及落实；涉及项目合作、对接的相关单位和人员的责任落实
一体化决策机制与协调运作成效	各经济圈内双边和多边区域一体化合作框架协议的制订和实施情况，对协议中明确的事项落实和完成情况；是否建立和完善一体化联席会议制度、政策环境协调机制、对话沟通机制、利益协调机制、规划协调机制等
政府服务对接机制运作成效	各经济圈内各市行政审批制度改革成效、政府信息交流平台建设情况等
经济管理协调机制运作成效	各经济圈公共财政合作或协作机制、金融服务对接机制、共建金融稳定机制、市场管理协调机制的建立和运作情况
社会管理协作机制运作成效	各经济圈社会治理协作机制、文化市场一体化运作机制、文化交流合作机制、人力资源供应合作机制等建立和运作情况

四、构想中的方向：组织机构的规划与设计

长三角一体化的融合式发展，需要有一个相对固定、具有一定权威、能够发挥协调作用的组织架构来承担。从制度创新的角度来看，这一组织架构也就是区域一体化制度创新的主体。

（一）现行长三角区域合作组织架构：行政组织间合作

当前我国区域合作主要由政府主导，行政组织的联席会议就成为区

域合作的主要组织架构。长三角地区已在省级层面建立了"高层领导沟通协商、座谈会明确任务、联络组综合协调、专题组推进落实"的工作机制，基本形成了以决策层、协调层和执行层"三级运作、统分结合、务实高效"的区域合作组织架构。

决策层即"长三角地区主要领导座谈会"，每年召开一次，主要是决定长三角区域合作方向、原则、目标与重点等重大问题。

协调层一是由常务副省（市）长参加的"长三角地区合作与发展联席会议"，每年召开一到两次，主要任务是落实主要领导座谈会的部署，协调推进区域重大合作事项；二是由长三角 16 城市市长参加的"长三角城市经济协调会"，它主要是落实"长三角地区合作与发展联席会议"的部署，这是目前长三角区域合作最具有代表性质的机构和方式。

执行层包括设在省（市）发展改革委的"联席会议办公室"、"重点合作专题组"以及"长三角地区城市经济合作组"。

总体而言，行政化的长三角区域组织架构是体制转轨过程中的一种特殊现象，它以行政区划为界线搭建组织架构，以行政区为基本单元和疆界组织与控制经济活动。但这种组织方式难以满足长三角一体化融合发展阶段的需要，主要表现在：

一是行政化的长三角一体化组织架构日益暴露出行政区经济与都市圈经济的冲突。行政化的长三角一体化组织架构是行政区经济的必然产物，随着长三角都市圈经济发展导向的日益明显，这一组织架构日益显露出二者的冲突性，一方面，区域内成员的不稳定性，已有的一体化政策和规划面临新的调整。另一方面，区域合作中行政责任能力不对称。更严重的是，都市圈经济与行政区经济的异质性矛盾始终无法解决。

二是现行长三角一体化组织架构存在主体过于单一的"先天不足"。理论上来看，长三角一体化融合发展是由强制性制度变迁向诱致性制度变迁的过渡，即表现为一个先由政府动员推进，后由社会各利益群体响应获利机会、积极参与的发展过程。因此，从制度创新的角度来看，长三角一体化组织，应包含代表国家利益的制度供给主导层、代表地方政府利益的中间协调层以及代表民间社会利益的诱致需求层等三个层次。但现有长三角一体化组织架构基本上是由区域内各级地方政府组成，中央政府和社会组织出现缺位现象，使得这一组织架构存在"先天不足"。长三角一体化中存在着的地方保护主义和地方政府间恶性竞争行为，就与中央政府的缺位有关。而社会组织的缺位不利于提升长三角区域治理水平。

三是现行长三角一体化组织内部架构难以满足一体化融合发展的要求。根据结构与功能相统一的原则，长三角一体化这一组织架构中的决策层面应突出权威性，协调层面强调功能性，执行层面注重常设性。但是，现有的长三角区域合作组织架构，决策层缺乏权威，协调层约束乏力，执行层难以常态化。

（二）创立制度化的多层次组织机构

1. 中央层面：建议成立"区域协调管理委员会"

中央政府设立一个负责区域管理的综合性权威机构——"区域协调管理委员会"，其基本职能包括：提出区域经济发展与区域经济协调的建议，并报请中央与立法机构审批；具体执行经立法程序通过的政策、规划与其他规划，与地方政府合作协调不同地区利益主体间关系并约束地方政府行为；统一管理专门的区域基金（需要设立）或约束有关部门的区域资源的使用方向；具体负责区域划分作，组织实施全国性跨区域重大项目，组织研究重大区域问题；审查和监督区域政府间自主达成的区域合作规则的执行情况；等等。

2. 区域层面：建立跨行政区的协调管理机构

建立一个反映各地方政府意愿、能获得区域内各政府普遍认同的、具有民主的治理结构的跨行政区的协调管理机构，则是区域政府合作机制能够真正建立的关键。其主要职能应包括：组织协调实施跨行政区的重大基础设施建设、重大战略资源开发、生态环境保护与建设，以及跨区生产要素的流动等问题；统一规划符合本区域长远发展的经济发展规划和产业结构；制定统一的市场竞争规则和政策措施，并负责监督执行情况；协助各市县制定地方性经济发展战略和规划，使局部性规划与整体性规划有机衔接。并且还应根据专业、精简、高效的原则，设立各种专业委员会和工作小组。它们有一定的管理、协调、研究分析和组织职能，并越来越具有一定的常设性质。如长江三角洲地区可根据实际情况设立区域规划与产业协调委员会、重大基础设施开发管理委员会、上海国际航运中心管理委员会、太湖流域环境保护与治理委员会等专业或综合职能管理机构。

3. 城市层面：依托现有城市合作基础发展城市联盟

城市联盟打破了行政区域划分的限制，可以消除城市市场壁垒；有效地增加城市经济发展的资本投入和科技投入；有利于人才的合理流动；促进城市一体化建设，优化资源配置，改善人居环境。城市联盟是促进经济的快速发展和提高城市竞争力的有效途径。城市联盟促进城市经济的协调发展，是经济可持续性发展的重大创新。[1] 通过制定具有法定效力的联盟章程，设置日常执行机构，建立决策、执行、监督的协调制度，对参与城市的权利义务约束力较强，有利于结成城市间平等、协商、互利、共赢的新型伙伴关系。通过超边界的合作组织可将长三角整合成风险共担、利益均沾的共同体，将长三角由城市发展的"个体理性"模式提升为区域发展的"集体理性"模式。[2]

4. 社会层面：鼓励建立各类半官方及民间的跨地区的民间组织

民间组织的主要职责是研究区域发展战略和推进地区协作。具体形

① 参见靳景玉、刘朝明：《城市联盟是提高城市竞争力的有效途径》，《生产力研究》2006年第8期。

② 参见谢中凡：《关于建立珠三角城市联盟的思考》，《宏观经济管理》2008年第10期。

式可有不同层次：一是可建立以各地经济专家为主体的，如"长江三角洲经济一体化发展咨询委员会"、"长江三角洲经济协调联合会"、"长江三角洲经济一体化促进会"等组织。这些组织机构不同于一般的研究机构，它应成为三地政府决策的咨询参谋机构。二是充分发挥行业组织在区域产业一体化中的积极作用。这里的关键是：行业协会要突破行政区划障碍，组成跨地区的行业联盟，共同制定区域行业发展规划、区域共同市场规则，推进区域市场秩序建立，探索区域各类市场资源的联接和整合等。三是可组建跨地区股份制区域性集团公司。当然，这种超级企业集团不是行政的捏合，而要遵循市场规律。可以探索通过跨地区强强联合，组成具有规模和竞争力的龙头企业，再通过龙头企业联合、控股区域内的上下游配套企业，形成由紧密层和松散层组成的巨型企业集团。

五、竞争中的引领：产业体系的规导与创新

从长三角地区的比较优势来看，自然资源相对短缺，而劳动力素质较高，有着较高的科技、教育、文化水平，具有较强服务功能。面对发达国家对资本密集型产业和技术密集型产业的垄断，利用高新技术改造和提升传统产业应该成为长三角地区产业调整和发展的方向。要建立区域性系统集成的技术创新体系，协同区域内科技力量进行攻关，重点解决区域内支柱产业的核心技术问题，提高区域技术创新能力与竞争力，形成高新技术产业与传统产业，资本、技术密集型产业与劳动密集型产业互补发展的良好格局。近几年，跨国公司在长江三角洲地区的功能部署趋势大致为，逐渐在上海设立地区性总部或研究开发中心（或分中心），在长江三角洲的其他大中小城市布局生产、加工中心或制造基地。这样一种布局，将有助于长三角的合作与发展。与此同时，这也要求长三角不同块状经济体相互融合，形成区域性的大企业集团，以应对世界

经济一体化以及跨国公司进入的挑战。也就是说，长三角地区能否在世界经济一体化中受益，较好地进行产业结构调整，取决于经济区域化的合作水平不断提高，合作方式不断创新。

（一）产业结构升级态势与产业空间集中度

20 世纪 90 年代初以来，长三角制造业结构实现了明显的转变和升级，一些现代制造业行业的比重显著地上升，而传统制造业行业的比重显著地下降了。制造业结构的升级主要有两种形式：其一，是同一行业内部新产品对传统产品的替代；其二，是新兴服务业的比重上升，传统行业的比重下降。

从长三角代表性工业产品生产的空间集中度的变化可知，长三角目前代表性工业产品生产的空间集中度是很高的。在长三角，制造业的"竞争生态"总体上是良性的，并不意味着"城市间的恶性竞争"问题。[①]

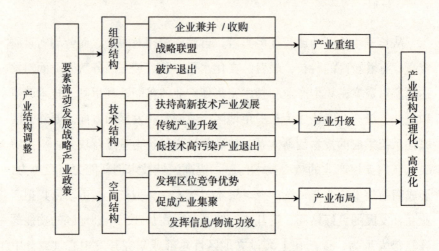

图 1 产业结构调整一般思路

① 陈家海、樊福卓、顾丽英：《长三角产业结构调整升级与防止重复建设》，《城市经济、区域经济》2005 年第 4 期。

（二）理性看待产业同构成因

1. 造成产业结构趋同的因素（如图 2 所示）

一是区域人文社会环境。如果区域人文社会环境相近，其经济行为取向也较为接近，天然就存在着产业选择上的趋同的因素。

二是要素供给结构和供给水平。这是导致产业结构趋同的基础性因素，在要素供给结构和供给水平相近的条件下，产业选择和产业布局趋同是较为经济合理的结果。

三是市场需求结构与水平。要素供给结构和供给水平相近导致产业结构趋同，必然会影响到市场需求结构与水平，进而又强化了初期的产业选择和布局，使得产业结构趋同具有明显的"路径依赖"效应。

四是区域经济发展阶段和发展水平的差异。差异水平与区域产业的同构性成反比，处于相同或相近的经济发展阶段，具有相同或相近的发展水平和工业化进程的区域，其供给结构和需求结构必然具有很高的相似性，进而形成相近的资源结构、生产函数和需求偏好，因此，在这些地区，大分类的产业结构必然具有高度的相似性。最明显的，发达国家第三产业的比重几乎都在 70% 左右，且制造业大多以技术密集型和资本密集型以及知识密集型产业为主。[1] 在长三角地区人均 GDP 突破 4000 美元后，已进入工业化中后期，制造业作为支柱产业自然是各级地方政府的合理选择。

五是区域经济发展战略。经济发展战略通过产业政策、竞争政策等直接作用于本地区的产业结构及其调整升级目标，而经济发展战略在很大程度上受本地区经济发展阶段和发展水平、要素供给结构和水平所形成的比较优势等因素制约，因此，经济发展战略相近的地区，必然会形

---

[1]　参见陈建军：《长江三角洲地区的产业同构及产业定位》，《中国工业经济》2004年第 2 期。

成相近的产业结构。

六是政府经济职能和政府行为。出于政绩的需要，政府的经济职能日益强化，政府通过各种方式参与甚至干预经济运行，形成均质化的投资环境。在攀比效应的主导下，往往会产生跨越发展和产业复制的冲动。

七是经济联系紧密度。经济联系的紧密性，使得相关区域之间在产业经济发展的方面具有互相学习和模仿的可能。同时紧密的经济联系，必然导致要素的流动，以及由此而来的技术转移和产业转移，进而在相关区域形成重叠的产业，即造成产业的同构。[1]

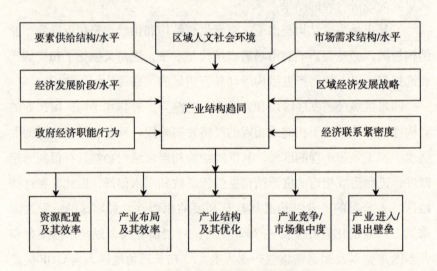

图2　产业结构趋同的生成因素及其影响

2. 基本判断：长三角产业结构发展态势尚处于合理的范围

迄今为止，得出长三角地区内部各次区域间产业同构结论的研究，主要是从二次产业内部的大分类层面进行分析的，但是如果我们把研究推进到更细分化的产业分类层面，例如"主要产品"层面，问题就不像我们想象的那么严重。表6—5是浙江和上海、浙江和江苏的主要产业

---

① 参见陈建军：《长江三角洲地区的产业同构及产业定位》，《中国工业经济》2004年第2期。

的相似系数。该产业相似系数是以各测算产业的主要产品产量指针为依据测算出来的。可见在主要产品领域，浙江和上海、浙江和江苏的产业同构问题实际上并不是很严重，如果我们进一步细化产品分类，相信相似系数还会进一步降低。由表3表现出来的产业相似系数的差异，也从某一个角度反映了长三角区域内部存在着产业水平分工。经济发展程度的接近，资源禀赋的相似，以及由要素和产品高频率的交流互动所体现出来的经济联系的紧密性，再加上第二产业的产业结构的高相似性等，这些信息已经揭示了在这一地区内部存在着紧密的产业水平分工。因此，从区域经济学的角度分析，长三角内部各次区域间在资源禀赋、技术和传统文化等决定经济行为的主要外生变量上具有如此多的相似性，决定了经济主体行为必然具有高度的相似性，由此导致各区域间的产业结构的相似。长三角区域内部的产业同构实际上是内生于该地区经济发展过程的，过分的夸大产业同构问题，是缺乏理论依据的。[1] 并且，如果深入制造业和产品层面，产业结构的相似性趋向弱化，在市场力量的作用下，该地区似乎正在寻求产业和产品的错位发展。[2]

表3　浙江—上海、浙江—江苏主要产业的产业相似系数

产　业	浙江 / 上海	浙江 / 江苏
纺　织	0.66	0.73
化　工	0.60	0.85
黑色家电	0.34	0.68
白色家电	0.47	0.79
机　械	0.69	0.69

资料来源：根据《中国工业经济统计年鉴》（2002）有关资料计算；参见陈建军：《长江三角洲地区的产业同构及产业定位》，《中国工业经济》2004年第2期。

---

① 参见陈建军：《长江三角洲地区的产业同构及产业定位》，《中国工业经济》2004年第2期。
② 参见邱风、张国平、郑恒：《对长三角地区产业结构问题的再认识》，《中国工业经济》2005年第4期。

（三）长三角一体化进程中的产业规导与发展

1. 探索建立都市圈一体化产业发展机制

以产业链合作为手段，以产业高端化发展为目标，以发展高新技术产业、先进制造业和现代服务业为重点，建立都市圈产业发展协调推进机制，优化都市圈产业布局和产业结构，提升经济发展水平和层次。

2. 探索建立长三角区域的产业分工体系

产业结构特征导致长三角产业对地区内转移困难，而且区域内部产业无法形成合理的分工协作体系。区域一体化产业分工体系的建立，其实质是对同构性的产业资源的整合，建立起具有同一价值链上的不同分工协作的产业体系。长三角地区的产业资源整合为分工有序的价值链，使分散且趋同化的企业形成彼此关联的竞争共同体，在产业生产体系内展开水平分工和分层竞争，从而形成同类产业多样式分工。[①] 以新兴产业为例，长三角地区各省市虽然均把战略性新兴产业作为产业发展的主攻方向，但已经注意到发挥本地优势、避免无序竞争。

3. 超前谋划培育长三角区域新的增长极

"轻加工业→重化工业→高加工度化→技术集约化"是许多国家产业演变的一般规律和被普遍认可的工业化进程规律。其中，重化工业有"起飞产业"之称，并已被世界经济史所屡屡证明，但这个过程也产生严重的环境污染，治理代价昂贵，发达国家在重化工时代发生的著名八大公害事件，绝大多数是重化工企业造成的。在政府主导经济发展模式的情形下，由于政府信息来源的趋同性，使得各地政府的产业决策方面也存在趋同性。我们应当率先、提早考虑并致力于新的核心竞争产业的培育和开发，激活区域内资源和创新能力，抢占先机，在依托本地区

---

① 参见郭苗琪：《制度视角：从产业同构走向产业分工——长三角区域产业资源整合问题研究》，中国财政经济出版社2008年版，第52页。

位条件、资源禀赋等优势的基础上，力图构筑新的发展趋势，提升综合竞争力。要更多地依赖科学技术的发展和创新，依靠高素质人才的作用，重视引进技术的消化、吸收和创新，积极培育自主知识产权的产品、专利和品牌，推进产业技术由末端向中端、尖端前移，促进产业结构升级，增强发展后劲和竞争力。要努力进入世界生产、销售网络，积极参与国际分工，力求在国际工业竞争中占有一席之地。随着高新技术扩展速度的加快和知识经济的出现，这一过程明显缩短、重叠甚至实现跨越。

长三角战略性新兴产业跃迁式升级路径研究

朱瑞博

（中国浦东干部学院教研部副教授、博士）

一、长三角战略性新兴产业跃迁式升级的迫切性

（一）长三角地区的进一步发展亟需战略产业来引领

长三角地区是我国经济社会最发达、人口和产业最密集、发展最具活力的地区之一，在这片 1.1% 的国土面积上，6.3% 的人口创造出了 20% 左右的 GDP 和财政收入、40% 的外商投资、36% 的进出口总额，在我国经济社会发展中占有举足轻重的地位。但随着经济的快速增长、总量的迅速扩张，长三角地区发展面临的制约也越来越突出，如区域总体功能定位与分工不明确、区域协调发展的机制还不够完善、国际竞争能力还有待提升、资源环境约束日益明显等。这些问题的存在，对长三

角地区实现更好更快的发展造成了一定的负面影响，近年来，长三角地区发展增速回落，引领全国经济发展的力度呈现疲软之态。这表明长三角地区的经济发展正处在一个重要关口。在 2006 年年底成稿的《长三角区域规划纲要》中确定了长三角的"四大定位"：我国综合实力最强的经济中心、亚太地区重要国际门户、全球重要的先进制造业基地、我国率先跻身世界级城市群的地区。这是国家对长三角地区提出的更高发展要求。"十二五"乃至今后更长的时期内，长三角地区要继续保持在全国的整体领先地位，继续发挥经济增长极和发动机作用，必须大力实施发展战略的转变，切实增强自主创新能力，加快推动结构优化升级，促进增长方式的转变，全面增强国际竞争力和可持续发展能力。而实现战略转变的突破口就在于积极培育未来 5—10 年快速发展的战略产业。

区域战略产业是决定整个区域乃至全国整体实力的基础力量，通过对影响国民经济发展的战略产业进行超前研发布局，在短期内迅速建立起战略产业的发展基础，迅速占领产业标准高地，从而提高战略产业制高点，是后发国家常用的发展战略。近十多年来，长三角地区已经具备了非常好的基础设施条件、产业发展基础、对外联系网络，以及市场体系和市场制度。历史发展到今天，长三角城市群落对经济一体化发展的迫切性，比以往任何时候都强烈。长三角传统发展模式实际上已经走到了尽头，各类经济和社会矛盾日益凸显，即使从自身发展角度计，也对错位发展、协调发展和共同发展越来越认同。在新的历史条件下，作为引领我国参与经济全球化的主体区域，长三角地区必须超前培育和扶植战略产业，以提升国际竞争力为主线，进一步拓宽视野，创新思路，坚持高起点、高标准、高水平，不断提升参与全球分工与竞争的层次，成为我国融入世界、走向世界的先行区域。

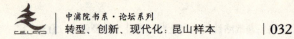
（二）全球化的冲击使长三角所面临的
问题与挑战异常严峻

21世纪是生产要素全球整合的世纪，随着全球经济一体化程度的逐步加深，国家之间的竞争日趋激烈，并且竞争愈来愈多地集中在战略技术创新和对战略产业的控制上来，技术创新能力在国际竞争中的地位越来越重要。发达国家为了保持技术领先的优势与利益，正在利用其专利战略和标准战略对发展中国家进行遏制，从而阻挠了我国自主创新能力的提升。在此背景下中国所面临的问题与挑战也前所未有地严峻，技术创新日益广泛和深刻地受到开放经济条件的影响。残酷的竞争现实告诉我们，中国的企业正处在外国核心技术和标准的层层包围之中，如果不及时采取对策，迅速提高自主创新能力，我们将极有可能成为国外的"技术殖民地"和单纯的生产加工车间。如何在对外开放中努力培育自主的战略技术创新能力，是从根本上转变长三角地区增长方式，调整产业结构，提高产业和企业国际竞争力的关键。

（三）发达国家的标准化战略严重制约了长三角
自主创新能力和产业竞争力的提升

发达国家和跨国公司特别是一些垄断企业通过国家标准战略、企业标准战略、国际标准组织和规则，将知识产权和标准体系糅合在一起，拥有高科技各个领域标准的发言权，制定有利于自己的标准，维护有利于自己的标准秩序。这样发达国家和跨国公司就可以通过国际组织和规则、市场势力、政府谈判和知识霸权等种种手段，强化自己的全球垄断地位，不断打击标准秩序中的竞争者，过分追求私人利益的同时不惜损害和压抑公共利益的发展。区域战略产业是关系到国民经济发展和产业结构合理化的关键性、全局性、长远性的产业。它是指对一国或一个区域经济的长期发展，即对区域战略性产业结构的升级和转换和经济持续快速增长起根本性、全局性作用的产业，是经济发展的必然结果。因此，提升自主创新能力、培育未来的战略产业是增强产业核心竞争力、避免"技术黑洞"的重要途径之一，是关系长三角未来经济增长动力的关键问题，直接影响和制约着国有企业改革与发展、产业结构升级、城市经济转型的进程。

二、长三角产业升级的困境与跃迁式升级模型

在百年一遇的国际金融危机和全球新产业技术革命背景下，我国地区产业升级和转型同时面临着三大历史重任：一是要从全球生产价值链的低端走向高端；二是要从资源依赖型、环境破坏型、劳动力与资本密集型的传统制造业发展体系转变为环境节约型、新技术推动型的现代产业体系；三是要突破区域产业同构现象，真正实现异构的产业重新整合和一体化。在这些特定的时空背景下，我国各地区的产业升级必须同时着眼于这三大历史重任，选择适宜的产业升级路径。但是区域产业升级面临着一系列的困难、障碍和阻力，主要表现为区域产业同构与结构固化的"内忧"，跨国公司对区域产业链的低端锁定与战略性隔绝机制形成的"外患"，以及面临着"碳锁定"的严峻挑战。

（一）"内忧"：区域产业同构与结构固化

产业结构转型和升级是我国经济长期可持续发展的内在要求，近年

来各级地方政府也纷纷推出各种举措进行结构升级，其中提及最多的举措就是"腾笼换鸟"。但结果常常是低端产业难以转移，高端产业难以突破，区域产业同构现象难以消除，产业升级效果不明显，呈现典型的结构固化效应。造成结构固化效应的主要因素有：

1. 受制于路径依赖和产业锁定效应，相对过剩的传统产业与劳动密集型制造业难以压缩和转移

一个国家或地区产业结构的形成主要是由该地区的资源禀赋和产业基础等初始条件决定的，因此具有强烈的路径依赖和产业锁定效应。改革开放以来，我国主要凭借土地、资源、劳动力等要素的低成本优势逐步确立了劳动密集型制造业的比较优势，并形成了加工制造产品的全球竞争力，有力地推动了区域经济的快速发展。随着经济发展、内外环境和要素资源比较优势的变化，中国要实现长期的可持续发展产业必须要进行转型升级。但由于长期形成的路径依赖，资产专用性投资形成了巨大的沉没成本，使相对过剩的产能和落后企业难以压缩与淘汰。傅允生（2010）指出曾为浙江经济率先发展作出贡献的传统优势产业，随着工业化、城市化水平提高已经成为浙江结构调整与产业升级的主要制约因素。由于压缩与转移这些产业会导致沉没成本并且影响地方即期GDP增长，在缺乏倒逼机制与产业转移机遇的情况下，压缩与转移很难真正落实。这是多年来浙江重视腾笼换鸟，而结构调整与产业升级效果一直不够理想的主要原因。

2. 本土企业技术创新能力偏低，特别是缺乏本土的技术创新链的整合者

进入21世纪，技术创新能力已经替代自然资源成为决定国际分工的关键要素，核心技术决定着外围技术、从属技术的发展方向，系统架构设计者和品牌制造商控制着全球生产网络体系的演进，是全球生产网络创造价值的分配者。不管是工艺流程升级、产品的换代升级，还是沿着产业链向微笑曲线的两端攀升，都需要特定的技术创新能力来支撑，而从一条产业链条转换到另外一条产业链条的链条升级更是需要自主的

建构创新能力和对整个价值链的治理能力。国内外的实践证明，技术创新是产业升级的关键，没有自主的技术创新就不可能突破跨国公司构筑的战略性隔绝机制，永远被锁定在低附加值、微利化的低端生产制造环节。没有自主技术创新能力的国家或地区已经很难在国际竞争中占据一席之地。

本土企业技术创新能力偏低正是造成产业升级转型难的关键因素。路风（2006）通过对汽车产业"市场换技术"、大飞机运十下马、无锡威孚从"引进技术"走向自残等案例的深入研究证明，市场并没有换来技术，换来的只是一次又一次、不断地反复引进的所谓"先进"的设备和生产装配线，中国的企业仅仅获得和积累了组装加工的生产能力，而没有形成自主的产品开发能力。缺乏技术创新能力特别是缺少关系到产业整体发展水平的关键核心技术能力，已经成为影响中国产业升级的主要障碍。朱瑞博（2010b）指出技术创新链整合者的缺失是阻碍产业升级的关键。核心企业特别是国有大型企业集团的创新以模仿创新为主，缺乏长远的前沿技术和平台技术创新，因此难以突破跨国公司构建的网络权力与战略性隔绝机制，不能有效整合整个技术创新链的各种创新活动，从而难以支撑产业的升级转型。吴晓波和吴东（2010）也指出龙头企业创新带动能力弱直接导致了本土企业的群体创新惰性。他们指出龙头企业在竞争中主要采用的是低成本竞争战略，出于降低成本的需要，往往对配套企业的成本控制要求更为严格，而不注重对配套企业的品质和技术的改进，导致大批配套企业沦为低级网络供应商，贸易条件不断恶化，微薄的利润使配套企业既无动力也无能力进行自主创新，因而被持续锁定在低端环节。而龙头企业靠低成本、大规模组装所获取的收益也很少投入到创新活动和技术能力提升方面，只满足于维持现状，甚至把制造资本转移到利润更高的虚拟资本中去。这些都严重地阻碍了产业的升级转型。

3. 过度泡沫化的虚拟经济在一定程度上遏制了我国自主创新和产业升级战略的实施

为应对本次国际金融危机，各国货币当局都采取了超宽松的货币政策为金融体系注入流动性。货币因素已经深刻地影响着经济主体的行为，全球通胀的预期已经非常强烈。资产市场泡沫的出现，一方面会对实体经济利润的侵蚀，减少企业的营业利润；另一方面虚拟经济过度膨胀，投资于房地产、黄金市场、股市、汇市等的收益大幅度超过实体经济回报，使大量资本从实体经济部门流入虚拟经济领域，导致投机活动盛行，资金需求剧增，诱使银行等金融机构盲目扩大信贷，放大金融泡沫。当前，房地产市场已经成为中国最为错综复杂的矛盾体，虚拟经济开始呈现过度泡沫化的特征，已经对国家的实体经济、自主创新战略，特别是对战略性新兴产业的培育造成了严峻的遏制，一些上市公司被金融资本劫持，放弃自己做实业的优势，把自主创新放在口头上，热衷于投资虚拟产业。丰厚的利润促使央企蜂拥进入房地产业，财大气粗的央企纷纷制造地王即是明证。即使是在楼市销售持续低迷的 2008 年，房地产行业上市公司的平均净利润率仍然达到了 20%，央企下属的 16 家上市地产企业的平均净利润率为 21.13%。据统计，在国资委管辖的 128 家央企中，除了保利、远洋、华润等 16 家以地产为主业的央企在名正言顺地拿地外，更有多达 80 多家来自钢铁、冶金、医药、农业、粮油、化工等行业的央企，以不同的方式疯狂拿地进军房地产行业。2009 年九成上市房企利润率超 30%，成为最赚钱最暴利的行业。与之相对应的是，主业不是房地产的央企中，有很大一部分企业，主业的利润率远远低于房地产业务。

4. 收入分配结构失衡抑制了国内消费需求和扭曲了要素价格结构，进而制约了我国产业结构的优化升级

蒙丹（2010）指出收入分配差距过大和中间收入阶层比例较小抑制了国内市场对适度创新产品的需求，不利于企业创新活动的开展，从而导致产业升级缓慢；而劳动力报酬过低又使企业锁定在劳动力密集型环节，并且制约人力资本和创新能力的累积性投资，从而不利于产业向资本、技术密集型的转变升级。

(二)"外患"：产业链的低端锁定与战略性隔绝机制

随着全球经济一体化进程的深入发展，产业价值创造的分解和整合活动在全球最大的空间范围内进行，以经济活动的地理集聚为特征的地方产业集群正逐渐嵌入全球价值链 (Humphrey and Schmitz，2000；2003)，国际分工也逐渐由产业分工、产业内部分工演进到产品内分工 (intra-product specialization) 阶段，即产品生产过程包含的不同工序和区段，被拆散分布到不同国家进行，形成以工序、区段、环节为对象的新型分工体系 (卢锋，2004)。在这一新型的国际分工格局中，发达国家的跨国公司扮演着越来越重要的作用，他们通过组织接近整合地理接近，运用各种金融契约工具和技术标准化战略把分散在各地的专业化产业集群整合起来，成为全球产业空间整合的协调和治理主体 (朱瑞博，2004)。

跨国公司及其旗舰公司通过对核心产业链和核心技术链的控制来阻碍后进地区产业升级。核心产业链是对产业发展效益和升级态势有重要影响的若干关键环节，在产品生产加工过程中，核心产业链由关键设备制造、核心元件生产和终端产品集成制造三个环节组成 (洪勇等，2007)。其中关键设备是指在核心模块生产和终端产品集成制造中发挥重要作用的高技术工艺设备；核心模块是指支撑终端产品功能实现的专用子模块；终端产品是指提供给终端消费者使用的最终产品。核心技术链就是对产业核心价值链的创新和研发活动，由关键制造技术、核心元件技术和产品架构技术三个环节组成。在全球化背景下，跨国公司通过组织接近整合地理接近来把散布在各个角落的产业集群连接为一个有机整体 (朱瑞博，2004)，但是这一全球生产网络主要体现了跨国公司的战略意图。跨国公司的旗舰企业按照全球总体战略布局和目标，基于原有的关键供应商、合作伙伴业已形成的全球网络联系，塑造出的是一种具有隔绝机制的"战略集聚" (王益民等，2007)，使后进地区的产业集

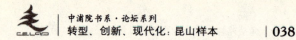

群呈现"飞地"的特性，从而阻碍了后进地区的产业升级和技术进步。

在这一新的分工格局中，我国企业面临的竞争环境、竞争规则和竞争对手都发生了巨大变化。要素低成本的竞争优势逐步消失，全球产业研发、核心技术和标准成为最重要的竞争能力。而发达国家为了保持技术领先的优势与利益，正在利用其专利战略和标准战略对发展中国家进行遏制，从而阻挠了我国自主创新能力的提升。与此同时，发达国家正在加速掠夺发展中国家的研发人才和研发资源。发达国家和跨国公司特别是一些垄断企业通过国家标准战略、企业标准战略、国际标准组织和规则，将知识产权和标准体系糅合在一起，拥有高科技产业各个领域标准的发言权，制定有利于自己的标准，维护有利于自己的标准秩序。这样，发达国家和跨国公司就可以通过国际组织和规则、市场势力、政府谈判和知识霸权等种种手段，强化自己的全球垄断地位，不断打击标准秩序中的竞争者，过分追求私人利益的同时不惜损害公共利益的发展。

在此背景下，中国所面临的问题与挑战也前所未有地严峻，技术创新日益广泛和深刻地受到开放经济条件的影响。残酷的竞争现实告诉我们，中国的企业正处在外国核心技术和标准的层层包围之中，如果不及时采取对策，迅速提高自主创新能力，我们将极有可能成为外国的"技术殖民地"和单纯的生产加工车间。如何在对外开放中努力培育自主的技术创新能力，是从根本上转变增长方式，调整产业结构，提高国家、产业和企业国际竞争力的关键。在"十二五"期间，中国产业的发展，要么形成自己的产业核心链条，通过自主创新逐步取得标准的话语权，要么沦为低级的产品和要素的供应者。中国企业的发展，要么掌握核心技术和标准，整合和主导全球产业的发展，要么沦为发达国家的加工车间，甚至被淘汰出局。在这一关键时期，中国如何摆脱发达国家的控制，掌握自己的命运，成为国际舞台上的重要一员，是我国区域产业升级亟需解决的迫切课题。

（三）"碳锁定"：产业低碳化、生态化的严峻挑战

随着全球性的能源短缺、环境污染和气候变暖问题日益突出，积极推进能源革命，大力发展可再生能源，加快新能源推广应用，构建低能耗、低污染、低排放和高效能、高效率、高效益为特征的低碳经济，已成为各国各地区培育新经济增长点的重大战略选择。低碳化甚至零碳化已经成为世界经济未来发展的必然趋势，特别是本次全球金融危机爆发以来，世界各国都把新能源技术发展提升到了前所未有的高度。长期以来，我国制造业的高速发展伴随着高能耗、高污染，这已经成为我国产业升级转型面临的严峻挑战。进入 21 世纪，低碳化、生态化已经成为产业发展的最基本要求，但我国的产业升级除了内忧外患外还面临着严峻的"碳锁定"挑战。对于中国来说，"碳锁定"具有两方面的内涵。

一是低碳技术的扩散面临着对化石能源系统高度依赖的技术锁定和路径依赖。即由于自工业革命以来化石能源利用技术成为主导技术，政治、经济、社会与其结成一个"技术—制度综合体"（Techno-Institutional Complex, TIC），并不断为这种技术寻找正当性，并为其广泛商业化应用铺设道路。结果形成了一种具有内在惯性的共生系统，从而导致技术锁定和路径依赖，阻碍零碳或低碳技术的发展（Unruh，2000,2002；Unruh and Carillo-Hermosilla，2006；谢来辉，2009）。这种"碳锁定"是世界各国面临的共同难题。

二是发达国家对我国引进低碳技术和新能源技术的限制和封锁。发达国家依靠技术上的优势初步占据了新能源产业的制高点。在新能源技术方面，美国、日本、欧洲都是世界上的领先者。这些国家拥有雄厚的经济基础及领先的科技力量，具备将先进技术转化为产业的实力，加上超前发展的意识，致使大多数先进的新能源技术都集中在欧美日等西方发达国家手中，并拥有最大份额的市场。这些国家以科技为前导，吸引产业界参与研制和开发 20 年后、乃至 50 年后可能发挥重大作用的关键

技术，并试图加速这些技术的产业化，形成相应的制造工业基础体系。如美国政府始终要求企业要保持其技术研发和装备制造能力的国际领先地位，先后制定了太阳光伏电池、风力发电装备和氢能技术发展的路线图，抢占了大多数可再生能源技术的制高点，确保了美国在这一领域的领先地位。日本则利用其电子技术优势，大力发展光伏发电产品，其产量已经相当于全球产量的 50% 以上。英、荷、日、美等国企业基本垄断了全球的光伏发电产品市场。世界上最优秀的风机制造技术则集中在丹麦、德国、西班牙和美国等几个国家。在国际金融危机背景下上台的奥巴马政府试图通过一场史无前例的新能源革命，通过开发使用新能源，摆脱美国对石油的依赖，并将该产业作为未来美国实体经济发展的支撑点。此外，奥巴马政府还希望凭借美国在国际舞台较大的影响力，通过力推新能源产业，逐步改变美国及全球的能源消费结构框架，引领世界形成低碳经济的新经济增长模式，继续充当世界经济的领头羊，成为制定新国际规则的领导者。在限制低碳技术、新能源技术向发展中国家扩散的同时，发达国家还试图利用"碳关税①"来提高发展中国家的制造成本。一旦征收"碳关税"，我国粗放式的加工制造业将陷入严峻的"碳耗危机"。

在"内忧"、"外患"和"碳锁定"的三重挑战面前，笔者认为基于战略性新兴产业培育的跃迁式产业升级路径是最佳选择。这一升级路径必须要瞄准世界科技发展前沿，把握战略重点，加快培育和打造基于核心价值链和核心产业链的新兴产业，构建具有中国特色的开放式创新网络，同时完成产业价值链升级、产业结构升级和区域经济一体化的三大重任，围绕创新链和产业链做系统文章，理顺产业链关系，形成合力，大力提升区域整体产业链的运营效率（见图1）。这是低碳技术经济范式的背后逻辑，也是我国产业升级转型的内在要求。

---

① 碳关税是指对高耗能的产品进口征收特别的二氧化碳排放关税。主要针对进口产品中的碳排放密集型产品，如铝、钢铁、水泥、玻璃制品等产品而进行的关税征收。

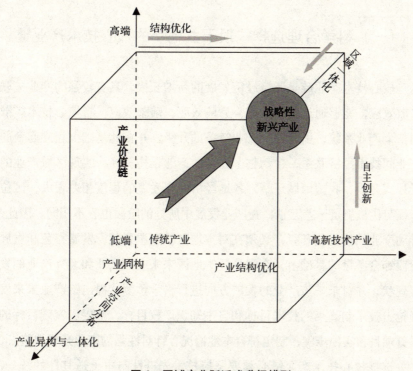

图1　区域产业跃迁式升级模型

资料来源：作者根据相关研究整理

三、长三角战略性新兴产业跃迁式
升级的政策取向

　　面对区域产业同构与结构固化的"内忧"，跨国公司低端锁定与战略性隔绝机制形成的"外患"，以及"碳锁定"的严峻挑战，长三角产业跃迁式升级需要着眼于同时完成产业价值链升级、产业结构升级和区域经济一体化的三大历史重任，其关键是要科学合理地选择、培育引领区域进行产业跃迁式升级的核心技术产业链，围绕核心技术链和核心产业链做系统文章，理顺产业链和创新链关系，形成合力，大力提升区域整体产业的运营效率。

(一) 科学合理选择"顶天立地"的核心技术产业链

核心技术产业链是区域经济发展的新增长极,具有较强的产业关联扩散效应,能够通过回顾效应、旁侧效应、前瞻效应,将核心技术扩散到整个产业系统,引起整个产业链条的升级,并在此基础上建立起新的产业间技术经济联系,带动整个区域的产业结构转换,实现区域产业的跃迁式升级。我国地域辽阔,各地经济社会发展的程度相差很大,区位特征与优势更是千差万别,在产业发展中所处的阶段也各不相同。因此,推动产业结构优化升级,必须在对本地区、资源禀赋、发展特色和发展阶段综合考量的基础上,客观分析本地区未来主导产业和新兴产业的发展现状,并对未来该产业的发展方向进行科学预测,提出该产业未来发展抢占技术制高点的技术目标和自主知识产权目标,并提出实现目标的关键项目和实施步骤,制定符合本地情况、针对性强的产业升级战略。

选择核心技术产业链必须要坚持技术先进性与本土适宜性的统一,既要能够在技术上"顶天",又要在本地区"立地"。技术先进性是产业升级的必然要求,区域产业升级要站在全球技术革命的高度来选择能代表技术进步与发展方向的产业作为核心的新兴产业。当前世界正处于第五次技术革命从导入期到拓展期的转折点,本质是主导技术、主导产业和新的技术经济范式向整个经济社会体系的扩展,以实现技术供给、产品生产和市场需求的相匹配(朱瑞博,2010a)。在这一背景下,中国一方面需要积极干预和管制金融资本,进行范式设计和制度创新,适应第五次信息技术革命成果向纵深拓展的需求,大力培育10年内(2020年左右)能够成熟的新一代信息产业;另一方面,需要着力布局第六次技术革命的前瞻性研究,超前谋划20年后(2030年左右)可能诞生的第六次技术革命的萌芽产业。仅仅关注技术先进性还不够,还必须考虑当地的技术基础与要素禀赋特征,有效发挥比较优势与竞争优势。发达地区和经济欠发达地区推动区域创新具有不同的要求和特征,区域创新对区域经济支撑和引领的力度和方式也不同，并在一定程度上决定着区域经济发展方式。特别是相对落后地区，更要把握自身发展的独特条件和后发优势，加强集成，突出重点，依靠创新能力的提高，努力实现跨越发展。历史证明，一些自然资源匮乏、产业基础落后的国家和地区，可以扬长避短，后来居上，如美国犹他州凭借信息、生物技术产业发展，摆脱了传统的以农业为主的产业结构；英国威尔士地区通过大力提倡创新创业，经过十余年的发展，由一个以煤炭等传统产业为主的地区，发展成为以信息技术产业和服务业为主的地区。这些案例表明，区域产业升级没有万能统一的模式，甚至没有最优的模式，因为体系的要素、环境和目标总是千差万别的。

（二）构建以龙头大企业为核心的产业链整合机制

基于核心技术链和核心产业链构建以龙头大企业为核心的产业链整合机制是区域产业跃迁式升级的关键。群体创新惰性是区域产业升级最大的"内患"，要改变这种被低端锁定状态下的群体惰性，需要基于核心技术链和核心产业链，采用积极严格的招商选资、本土培育等手段扶持几家自主技术能力强、创新带动能力大的龙头大企业，促进优势资源向龙头企业集聚，建立起区域内乃至全国、全球范围内的产业价值链重塑和整合的市场化机制，从而突破群体创新惰性。

龙头大企业是整个产业技术创新链的组织者和整合者。针对我国高新技术产业上下游脱节、自主创新资源分散、整合能力不强，远未形成整体合力的现状，龙头企业必须尽快通过产业链整合战略，提高大企业的集成创新能力和资源整合能力，建立完善的创新资源整合机制，最大程度地集聚创新资源，充分发挥各类创新资源的作用，推动产业链不同环节间的交互式学习和互动，加强区域内部和区域之间的合作，打通战略产业价值链，实现产业资源的有效整合。比如，在电子信息产业中，发展的关键就是促成整机企业与集成电路设计企业、软件开发企业、研发机构的合作设计新产品，提高自主品牌产品的市场份额，用自主知识产权的核心技术来化解国外厂商设置的知识产权壁垒和标准陷阱，提高整个产业的国际竞争力，形成一批具有核心竞争力的民族企业，逐步形成本土自主创新型的产业发展模式。在区域战略性新兴产业的培育过程中，龙头企业要树立标准竞争的意识，在技术升级和技术断层中寻求机遇，实施恰当的标准竞争战略，通过与区域内外企业的战略合作，在技术研发阶段建立合作开发联盟，在技术扩散阶段建立技术转让联盟，并同上游和下游企业建立纵向联盟，形成核心层稳固的开放式战略联盟，在协调一致的基础上逐步形成自主的体系结构和产业标准。

产业链整合应该通过政府重点扶持潜力企业和股权控制、知识控制、标准控制、产业联盟等途径逐渐形成。要大胆借鉴韩国三星电子的成功经验，逐步发展出自主的产业链整合模式。为此，政府应该实行"一企一策"的支持方式，制订实施个性化的支持措施，为企业做强做大提供更具针对性、更具特色的服务，大力引导支持大公司资产重组和优势互补，实现资源优化整合。在政府采购、重大专项、战略性新兴产业发展基金、科技经费、对外合作项目、双软认证、投融资政策、基地（园区）建设、产业化示范工程、重大产业化项目等方面重点向大公司倾斜，特别是对产业发展具有明显带动作用的大公司要给予优先扶持；支持具备条件的大公司通过跨国合作和跨国经营，提升企业在国际分工合作中的地位和水平。

（三）搭建能够充分利用全球创新资源的
新型产学研合作机制

积极利用全球各种创新资源，构建新型产学研合作机制，精心打造产业跃迁式发展的"发展极"和"辐射源"，为区域传统产业转型升级提供强力技术支撑和政策环境，这是区域产业跃迁式升级的基础。例如面对"碳锁定"的挑战，需要积极地学习、消化、吸收发达国家低碳技术①，充分利用已有低碳技术突破传统工业的技术锁定，把高污染、高能耗、高排放的高碳产业改造成低污染或无污染、低能耗、低排放或零排放的低碳工业。作为一个县级市，昆山在自主创新方面存在着大量的先天不足和制约因素，但是昆山政府能够积极利用区外创新资源，促进产学研的有效结合，构建良好的区域创新体系。例如清华科技园昆山分园作为清华大学服务长三角地区、促进科技成果转化的平台，有效地发挥了清华科技园在品牌、管理经验、项目来源等方面的优势，是促进区域产业结构升级、增强昆山国际竞争力的中坚力量，为昆山的发展注入了强大的活力和后劲。

各地区应紧紧围绕区域产业转型升级的内在要求，从企业的市场需求和技术需求入手，着力构建以企业为主体、以需求为导向的新型产学研合作机制。新型的产学研合作机制必须能够从根本上改变创新与创业脱节的困局，能够承担起贯穿高新技术产业化整个系统链条的重任，能够把创新前端的基础研究、前沿研究，中端的关键技术和共性技术的研发、技术服务、技术交易，后端的投融资服务、项目产业化、创业孵化、人才培训等融合成一个有机的创新创业网络。各级政府要鼓励以核心产业为主导的新型产学研合作，支持企业与高校建立长期的合作联盟，实现重点行业的关键技术突破。支持一批对区域产业未来发展具有战略性意义和具有较强技术关联性的重大项目，促进大型企业集团产业链创新集成能力和价值链治理的提升。制定区域战略性主导产业和重点产业的产学研结合发展规划及其他指导性文件，完善产学研合作的领导工作，积极探索产学研的组织体制、创新机制、激励机制，建立健全长效合作机制，建立多元化的产学研投融资体系，完善科技中介服务体

---

① 低碳技术包括清洁煤技术、可再生能源技术、碳捕获和封存技术、智能电网技术、节能技术、环保技术、建筑新材料技术、新能源汽车技术、新能源飞机技术等。可划分为减碳技术、零碳化技术、去碳化技术三类。

系，制定和完善相关配套政策，充分发挥产学研政策的引导、促进和激励作用，积极推动产学研合作的制度化。

此外，各地区还需要基于本土市场优势，选择因地制宜的自主创新战略，营造区域产业转型升级的外部环境。本土市场优势（路风，2006）和规模效应（徐康宁和冯伟，2010）与自主创新成功的概率和创新的效率具有一定的内在关系，区域产业结构优化需要充分利用本土市场的优势和规模效应，因地制宜地进行自主创新和产业升级。昆山根据自身发展的阶段和所处的条件，立足昆山原始创新能力相对薄弱而先进制造业较为发达的实际，提出了符合自身特征的产业升级战略，其核心内容就是以自主企业为创新主体，积极利用外资企业的溢出效应和互补效应，大力引进优势产业主导技术、关键技术、基础技术和高新技术，引导本土企业把引进消化吸收再创新放到最为突出位置，加强产品创新、工艺创新、市场创新和管理创新，形成具有自主知识产权的新产品，从而实现了产业的转型升级。

长三角新城开发建设的主要做法
与经验借鉴

——兼谈对昆山花桥新城建设的启示

张学良　　刘学华

（上海财经大学长三角城市群经济空间数据中心主任、
副研究员、博士、博士生导师）

（上海发展战略研究所助理研究员、博士）

通过对长三角地区杭州钱江新城、南京河西新城、江阴临港新城、宁波鄞州新城、苏州沧浪新城、上海松江新城、上海临港新城、南通中央商务区等地新城建设基本情况进行梳理，可以发现，长三角地区新城建设主要是在统筹规划引导、组织管理架构、投资管理体制、形态功能协调性、开发建设时序、政策推进机制等六个方面的基础上，实现经济效益、社会效益有机统一的。

一、长三角新城开发建设的主要做法

（一）合理制定规划引导区域发展

政府对新城的推动首先就表现在规划制定和对规划的监督执行上，

通过对规划的执行引导和推动新城的发展。而实践中，政府对新城发展的关注更多是通过出台相关发展扶持性政策得以体现的，特别是对于那些由于城市中心外移或再造而发展起来的新城，则在开发和运行过程中更加需要政府通过一系列的优惠政策加以推进。可以说，几乎所有的新城开发都获得过或多或少的政府政策支持。政府在新城开发建设中不仅仅是充当管理协调者的角色，而是要发挥更重要的新城建设推进者的作用。

第一，借助外脑，聘请外部咨询单位出谋划策。各个新城的规划无一例外是通过多家单位进行规划招标，经过重重论证最终定稿的。如松江新城的规划是由六家国际咨询公司参加规划招标，临港新城从规划伊始就着眼于高起点。通过对国际上富有港口城市规划经验的公司提交的概念性方案组织专家评议，遴选出理念独特、构思新颖、布局合理、经济适用的最佳方案。

第二，明晰功能定位，制定区域规划。杭州钱江新城在立足实现成为长三角副核心，与旧城形成双核格局总体目标的基础上，通过科学的规划建设而形成的。此外，杭州市政府还专门就钱江新城建设出台《关于加快钱江新城建设的若干意见》，以此作为纲领性文件，统领新城的发展。

第三，倡导人性化规划设计。钱江新城在规划建设上注重细节，坚持以人为本的理念，设计了较为完善的新城综合交通组织方案、景观设计方案、人行系统方案、管线公共沟方案等，其宏观布局、细微之处无不体现出完美的规划与人性化设计。通过生态走廊连接西湖，形成城市生态走廊；关注景观绿化等的设计与建设，着力营造诗意般的城市栖居空间；倡导绿色建筑，循环经济理论运用淋漓尽致，图书馆、市民中心、观景台等设施体现了亲民意识；立体公共交通、人行通道、地下空间（停车场、综合管线）在新城建设中也被充分考虑。

（二）构建高效的组织管理架构

新城开发的运作过程体现了政府与市场在区域开发中的相互关系，从长三角新城开发实践中可以看出，政府作为新城开发的发起者和推动者，其作用不容忽视，而在组织管理体制的设计方面，各地建立起了有所差异的组织架构，包括行政主导的准政府管委会体制、"公司制"的企业为主体管理体制、混合型的政企合作管理体制，三种体制各有利弊，在不同的组织管理体制下，主管单位和开发主体的职责有所不同。在区域开发过程中组织管理体制也不是一成不变的，根据区域开发的进度，在开发的不同阶段，可以对组织体制进行适当的调整，或提升管理组织的能级，以强化政府对区域开发的主导；或虚化管理组织功能，释放市场化运作的效率。

（三）设计适宜的投资管理体制

长三角地区的新城建设作为生产和福利两种属性兼容的公用性设施，每一项基础设施的兴建往往投资数额大、投资建设周期长，一般不可能是由个体投资、经营和管理，目前，长三角地区新城建设中基本已经形成以政府投资为引导、积极引进市场主体，允许各种类型的企业、个人进行项目投资的多元化投资主体结构。上海松江新城采用政府推动、市场化运作思路，上海地产集团有限公司、上海中星集团有限公司、上海国际集团有限公司与松江区政府共同出资 10 亿元人民币，组建上海松江新城建设发展有限公司，松江新城还先后建立方松建设投资有限公司、松江大学城建设发展有限公司、松江轨道交通有限公司、方松街道等开发实体和社区管理机构，整体推进、边建边管，从而形成了多元投资体制和商业化开发城市的机制。南通中央商务区是南通市新城区建设的核心区，在南通市"建立新城区，疏导老城区"的发展思路下，2003 年通过整体招标，民营企业中南集团以 1910 元／平方米的价格竞得体育会展中心的建设和中央商务区开发任务。在当时，这种以公司为主体的市场化新城开发方式在国内尚属一种创新。

表1　开发区（广义）管理体制比较

体制模式		内　容	适应条件	优　势	不　足
行政主导的准政府管委会体制	纵向协调型	管委会负责部门间协调，强化行业管理	主要适用于人口较少的相对独立的中小型新开发区	有利于政府宏观调控	管委会权限少，不利于创新，效率不高
	集中管理型	管委会全面负责区内事务管理		有助于管理创新；效率高	与老城区资源竞争；容易脱离城市整体发展目标
"公司制"的以企业为主体管理体制		无管委会，由开发总公司组织区内经济活动；公司承担部分政府职能	主要用于相对独立的开发区	政企分开；开发速度快；利用经济杠杆	缺乏行政权威，社会管理缺失；企业通过高地价获得回报
混合型政企合作管理体制	政企合一的管理体制	管委会下设开发总公司，"两块牌子、一套班子"	多用于开发区建设初期	既发挥政府行政职能，又发挥公司经济杠杆功能	政企不分，降低效率；公司缺乏活力；不利于市场竞争
	政企分离的管理体制	管委会不直接干预企业的开发建设	不适用与初创期的开发区	体现"小政府、大企业"原则；利用企业资金技术	对于初创期开发区不利于集中资源建设

（四）强调形态功能的平衡开发

从长三角新城的建设经验来看，商业商务以及社会事业功能融合渗透是其基本特征，并由此构建出新城的核心竞争力。其中，产业集聚是其提升经济发展水平的手段和抓手，这可在其功能定位中看出。同时，由于新城往往具有生态资源良好的特性，进一步完善社会资源配套彰显宜居性的特点也在规划中得以体现。如无锡太湖新城锁定国际化水平宜居城的目标，加快推进各项社会事业建设。采取现有学校改扩建、新建和引进等方式，建成一批具有国际水准的学校，满足国际化人才教育需求。今年将开工建设金桥小学、外国语学校（初中和国际高中），不迟于后年秋季招生开学。结合中瑞生态城国际化社区建设，精心筹建一所软硬件设施一流、上规模上水平、与国外学校学历互认的国际学校，吸引无锡及周边地区的国际生源。并尽快建设一家高水平的国际医院，以满足新城地区的医疗需求。

（五）明确项目的建设开发时序

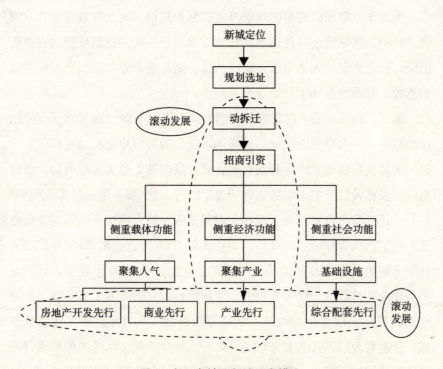

图1 长三角地区新城开发模式

城市具有三方面的主要功能，包括载体功能、经济功能和社会功

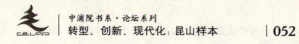
能，由于资金、人力、资源等多方面因素的制约，三方面功能的具备不可能一步到位，必然存在先后次序。确定先后次序后，再进行"一次规划、整体开发、分步实施、滚动发展"的滚动发展模式。

通过观察长三角地区新城的建设情况，可以发现，侧重载体功能的新城开发往往以房地产开发或商业开发为首要着力点，侧重经济功能的形成开发往往以产业导入为先手，而侧重社会功能的新城开发基本上以完善综合配套设施为先决条件。

（六）完善的政策推进机制

新城建设必须以完善的政策推进机制为基础，缺乏有效合理的政策推进机制，新城建设往往达不到预期效果。长三角主要新城通过在招商引资、产业集聚、人才引进、财税扶持、提升服务等方面出台相应的政策措施，有效地推动了新城建设进程。

第一，招商引资／产业政策。例如南京河西新城，除了享受《南京市鼓励境内外大型企业设立总部或地区总部的暂行规定》、《建邺区关于进一步加快高新技术产业和现代服务业发展的若干意见（试行）》，并针对政策及相关条款制定实施细则《关于扶持入驻 CBD 企业的实施细则》以外，还专门出台的《关于河西金融集聚区发展专项扶持政策的实施办法》规定，从 2005 至 2010 年，每年统筹 5000 万元，对 2010 年底前入驻的金融机构法人总部给予一次性资金补助。对 2010 年底前入驻的金融机构地区总部或一级分支机构、金融后台、注册资本 1 亿元以上的准金融机构在正常营业后给予一次性资金补助 200 万元。在无锡太湖新城，针对科教园区还有如下政策：第一，科教产业园享受类似省级开发区的财政体制。第二，科教产业园内企业被认定为高新技术企业的，享受"两免三减半"的税收优惠政策。第三，入园企业相应享有园区优惠财税政策，其中，一是动漫企业可享受无锡市政府在原创动画影视作品播出和项目贷款方面的若干鼓励和扶持政策；二是在财税政策细则上加大对园区设计、研发的支持力度。

第二，人才引进政策。例如上海临港新城，《上海市临港新城管理办法》中规定，简化临港新城内有关人员因公出国、出境的审批手续，对因业务需要经常出国、出境的人员，可以实行"一次审批、多次有效"的出国审批办法或者办理一定时期内多次往返香港、澳门的出境手续。在无锡太湖新城，对科教园区内符合市委、市政府《关于进一步吸引好优秀人才的若干规定》的各类人才的引进，可以获得政府人才基金的优先支持。

第三，提升服务方面。在上海临港新城，对企业提供全方位的服务体系：一是项目咨询服务：为项目提供前期咨询服务，包括政策和产业导向、项目经济分析等；二是项目审批服务：招商主体和审批部门提供便捷全面的服务通道；三是物流配套服务：与海关、商检、外汇等相关机构合作，为企业报关、商品报检、出口收汇、出口退税等提供咨询服务和解决方案，提供物流运营效率。在无锡太湖新城，第一，科教产业园享受省级开发区的管理审批权限，并组建"一站式"服务中心。第二，为入园企业打造良好的公共服务平台。为园区动漫企业、工业设计等高新企业提供良好的技术、设备支持。第三，在科教培训方面，为入园企业提供相关产业的技术知识培训。

二、对昆山花桥新城建设的启示

（一）注重功能的复合性，新城的功能应该多样化和丰富多彩

从长三角新城的建设经验来看，产业是提升经济发展水平的抓手，

社会事业的配套是郊区新城形成城市功能、加快人口集聚的重要支撑。应充分认识到新城应当是具有完整功能的城市，其建设应区别于开发区或居住区，不应只是单纯的"卧城"或"产业城"，城市功能也一定要完善，从而能够实现自我服务。通过对各大新城的分析可以看到，除产业外，居住、基础设施和公共设施的配比也具有一定规模，以形成良好的经济社会和谐互动的局面。

（二）设定灵活适宜的体制机制，润滑新城的开发建设进程

从上述新城的建设经验来看，无论是组织管理机制、开发时序和投资开发机制均呈现出多元化和多样化的特点，体现出"因地制宜"的思路。其中，引进多元化的开发主体和不同类型的开发模式，是近年来我国区域开发的一种创新做法，有助于针对不同需求通过市场化和政府间的弹性协调提高开发效率，其关键是把握好新城建设过程中政府与市场的边界；而开发时序则要求处理好新城社会配套和商业商务设施之间的开发顺序和开发节奏，有助于满足不同的开发需求。

为此，昆山花桥新城在开发建设当中，也应结合自身特点，正确的、符合实际的设计开发的体制机制以确保区域开发能够协调有序推进。

（三）形成完善的政策推进机制，营造良好的开发建设环境

政策保障是当前新城开发得以顺利推进的重要因素，这也是在新城建设中发挥政府职能的重要体现。政府对新城的推动首先就表现在规划

制定和对规划的监督执行上，通过对规划的执行引导，将旺盛需求引导到各个设定的区域内。而在实践中，政府对新城发展的关注还更多地是通过出台相关发展扶持性政策得以体现的。可以说，几乎所有的新城开发都获得过或多或少的政府政策支持。政府在新城开发建设中不仅仅是充当管理协调者的角色，而是要发挥更重要的新城建设推进者的作用。

城市化、对外开放与人口红利[*]

——中国 1979—2010 年经济增长的实证

毛新雅　彭希哲

（中国浦东干部学院教研部副教授、博士）
（复旦大学社会发展与公共政策学院院长、教授）

一、问题的提出

　　劳动力数量是古典经济学理论解释经济增长的一个重要因素，劳动力质量或者说人力资本要素是新经济理论或内生增长模型解释经济增长的重要因素，而在揭示 20 世纪 60 年代以后日本与亚洲"四小龙"等国家和地区创造的"东亚奇迹"以及美国等西方新大陆经济体超过欧洲旧大陆经济体增长的原因时，一些经济学家发现，人口年龄结构的改善从而人口抚养比的下降对经济增长作出了很大的贡献[1]，如 Bloom 和 Canning（1998、2000、2001、2005、2007）以及 Higgins 和 Williamson（1997），等。

　　* 国家哲学社会科学基金项目：人口"区域城市化"——基于城市群经济形态的研究（10CRK006）；中国浦东干部学院科研项目：人口"区域城市化"与长三角城市群经济发展（CELAP2009-Per-21）。

　　[1] 参见蔡昉：《未来的人口红利——中国经济增长源泉的开拓》，《中国人口科学》2009 年第 1 期。

随着一国经济社会的发展，当该国的人口再生产过程中出现生育率下降速度快于人口老龄化速度的现象，从而使得该国获得劳动年龄人口对少儿人口的抚养比例和对老年人口的抚养比例都比较低的一段时期。在这段时期中，充足的劳动力供给和较低的社会抚养压力所造就的高储蓄率成为经济增长的源泉并由此获得超出稳态增长之外的额外经济成果时，人口红利也就产生了，因此，这样一段时期被称为该国的人口机会窗口开启时期或人口红利期。[1] 但理论研究与实证分析均表明，处于人口红利期的国家并不能自动获取人口红利带来的经济增长成果，而是需要良好的制度环境和有效的政策措施给予保障，比如，政府机构具有较高的管理水平[2]、公平的劳动立法和教育政策[3]、充分就业的政策与制度[4]、对外开放的贸易政策[5]以及推进市场化进程[6]等。拉美国家特别是其发展的早期阶段未能开启人口机会窗口获取人口红利的主要原因就在于高通胀、政局不稳以及内向发展等政策制度因素。[7]

表征人口红利期的劳动年龄人口比重以及总抚养比等数据显示，1978年以来，中国劳动年龄人口[8]比重呈逐步上升趋势，由1978年的57.99%上升至2010年的74.53%；相应地，1978年以来，中国人口

① 参见彭希哲：《把握机遇，收获人口红利》，《人民论坛》2006年第4期（下）。
② See Bloom, D. et al. 2000, "Demographic Change and Economic Growth in Asia." *Population and Development Review 26* (Suppl.), pp.257-290.
③ See Bloom, D. et al.2002, "The Demographic Dividend: A New Perspective on the Economic Consequences of Population Consequences of Population Change". *Santa Monica*, California: RAND, MR-1274.
④ 参见蔡昉：《人口转变、人口红利与经济增长的可持续性》，《人口研究》2004年第2期。
⑤ See Bloom,D. and Canning,D.2005, "Global Demographic Change: Dimensions and Economic Significance", http://www.globalhealth.harvard.edu/Workingpppers.aspx。
⑥ 参见车士义、郭琳：《结构转变、制度变迁下的人口红利与经济增长》，《人口研究》2011年第3期。
⑦ See Barro R, Sala-I-Martin,X.1995, *Economic growth*. New York: McGraw-Hill.
⑧ 据联合国（UN）的标准，本文劳动年龄人口指15—64岁的人口。

的总抚养比则呈逐步下降态势，由 1978 年的 72.44% 下降至 2010 年的 34.17%，下降幅度大、速度快（如图 1 所示）。上述人口年龄结构的变化为改革开放以来中国经济增长获取人口红利创造了有利条件，蔡（2004、2009）、陈友华（2008）、钟水映、李魁（2009）以及车士义、郭琳（2011）的分析研究都表明了这一点。

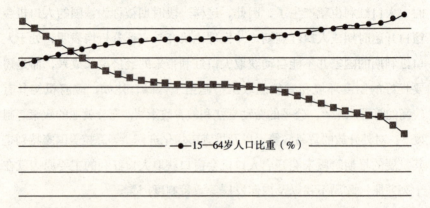

——15—64岁人口比重（%）——

图 1　中国劳动年龄人口比重以及总抚养比的变化（1978—2010 年）

数据来源：1978—2008 年来自世界银行（World Bank, 2009）；2009—2010 年来自《中国统计年鉴 2010》和第六次全国人口普查主要数据公报。

　　城市化的加速推进以及对外开放的深入展开是当前中国经济社会发展的显著特征，而这些特征的出现，得益于政策制度的不断调整和完善，特别是改革开放国策的实施。1978 年中国的城市化率仅为 17.92%。随着 80 年代中后期户籍制度以及人口流动迁移政策的逐渐放宽，中国进入了城市化的快速发展时期，城市化率在 1996 年达到 30% 后则进入了加速上升期，2010 年城市化率已达到 49.68%，即已有近一半的人口居住在城市（见图 2）。相类似的，改革开放之前我国是一个较为闭关锁国的国家，表征对外开放程度的主要指标——外贸依存度[①]1978 年仅为

————

　　① 外贸依存度为进出口总额与 GDP 的比值乘以 100，是表征一国对外开放程度的主要指标。

13.93%。随着对外开放的不断深入，我国的对外贸易取得了长足发展，2006 年我国的外贸依存度已高达 66.23%。此后由于受全球金融危机影响，2010 年外贸依存度回落至 50.57%，但处于比较高的水平（见图 2）。

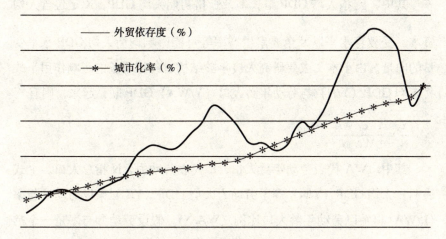

图 2　中国城市化率以及外贸依存度变化（1978—2010 年）

数据来源：《中国统计年鉴 2009》、《对外经济贸易年鉴 1984》以及 2010 年国民经济和社会发展统计公报，经计算。

　　透过以上数字，本文所要探讨的，是作为中国经济社会的重要政策制度环境和显著特征，城市化与对外开放等因素对中国经济增长中人口红利获取的影响作用。

二、模型、数据与实证结果

（一）模型构建

　　人均 GDP 增长是衡量经济增长的重要指标，根据 Barro 和 Sala-I-

Martin（1995）的分析研究 [1]，存在以下增长模型：

$$g_z = \lambda(X\beta - Z_0)$$

其中，g_z 指人均 GDP 增长率，z_0 指初期人均 GDP，X 是包含人均资本、受教育水平以及全要素生产率等可能影响均衡人均 GDP 水平变量的向量。由于本文主要研究人口年龄结构对经济增长的影响作用，故将人均 GDP（Y/N）与劳动年龄人口（Y/WA）GDP 联系起来，则有 [2]

$$\frac{Y}{N} = \frac{Y}{L}\frac{L}{WA}\frac{WA}{N}$$

其中，WA 代表劳动年龄人口，L 代表劳动力，N 指总人口。上式表明，人均 GDP（Y/N）等于劳动力人均 GDP（Y/L）乘以劳动参与率（L/WA）再乘以劳动年龄人口比例（WA/N）。假设劳动参与率是一个常数 [3]，将上式以增长率的形式表现出来则有：

$$g_{Y/N} = g_{Y/WA} + g_{WA/N}$$

进一步做如下替代：

$$y = \ln\frac{Y}{N}, z = \ln\frac{Y}{L}, w = \ln\frac{WA}{N}, p = \ln\frac{L}{WA}$$

由于劳动参与率 p 假设为常数，则有：

$$g_y = g_z + g_w$$

由于 $y_0 = z_0 + p + w_0$，则有

---

① See Bloom,D. and Canning,D.2005, "Global Demographic Change: Dimensions and Economic Significance", http://www.globalhealth.harvard.edu/Workingppers.aspx。

② See Bloom, D. and Canning,D.2005, "Global Demographic Change: Dimensions and Economic Significance", http://www.globalhealth.harvard.edu/Workingppers.aspx。

③ 在一个国家的时期序列数据中，该假设通常是成立的，Bloom, D. and Canning, D.2005。

$$g_y = \lambda(X\beta + p + w_0 - y_0) + g_w$$

经过进一步推导，则可以获得如下人均 GDP 增长的模型 [①]：

$$g\_y_t = \alpha \ln y_{t-1} + \beta_1 \ln w_{t-1} + \beta_2 g\_w_t + \gamma X_t + \eta_t + \varepsilon_t$$

方程中，g_y_t 表示 t 年的人均 GDP 增长率，y_{t-1} 表示 t-1 年的人均 GDP，w_{t-1} 表示 t-1 年的劳动年龄人口比例，g_w_t 指 t 期的劳动年龄人口增长率，X_t 是包含可能影响生产率的其他解释变量的向量，如人均资本、受教育水平以及全要素生产率等，η_t 为常数项。该方程的

经济学含义为，人均 GDP 的增长取决于上期人均 GDP 水平、上期劳动年龄人口比例、本期劳动年龄人口比例的增长率以及人均资本数量、受

教育水平及全要素生产率等因素的影响。进一步将 X_t 中的人均资本这

一重要指标纳入方程，则可以得到方程（1）

$$g\_y_t = \alpha \ln y_{t-1} + \beta_1 \ln w_{t-1} + \beta_2 g\_w_t + \gamma g\_c_t + \varphi X_t + \eta_t + \varepsilon_t \ (1)$$

其中，g_c_t 表示 t-1 年的人均资本增长率。

进一步的，将城市化以及对外开放等政策制度因素纳入方程，实证分析城市化以及对外开放与人口年龄结构共同对人均 GDP 增长的影响作用，以考察在城市化及对外开放进程中，中国的经济增长是否获取了更多的人口红利。首先，关于城市化指标因素的选取。对于开启人口机会窗口、获取人口红利而言，最重要的制度因素之一可以说是允许劳动力人口自由迁移的政策。1978 年之后实行的联产承包责任制大大提高了农业生产率，而允许劳动力自由迁移的政策则使得农业剩余劳动力从事非农生产活动成为可能，大大提高了剩余劳动力的生产率。这种生产

---

① See Shekhar,A. and Ashoka.M, 2011, "The Demographic Dividend: Evidence from the Indian States", *IMF Working Paper*, WP/11/38.

率的提高不仅是由于劳动力由农业中的"剩余"者变成了非农产业中的生产者，更重要的是劳动力从生产率较低的农业部门向生产率较高的工业部门转移时，能够获取因要素流动而形成的产业结构变化对经济增长绩效的贡献，即钱纳里所谓的"结构红利"[1]，因而可以说，实行劳动力自由乡城迁移的政策制度是经济增长获取人口红利的一个重要途径。由于人口迁移的连续性数据难以获得，但迁移人口特别是乡城迁移人口在城镇居住 6 个月以上即被统计为城镇常住人口，并且，随着城市总和生育率的逐步下降，我国城市化率的提高越来越主要归功于乡城迁移这种人口机械变动所带来的贡献，所以本文以城市化率指标体现人口迁移的政策效果。其次，关于对外开放因素指标的选取。可以较好的量化对外开放政策制度对经济增长影响的变量是开放度或者说外贸依存度，Romer（1986）、Lucas（1988）、Grossman 和 Helpman（1991）以及 Rodriguez 和 Rodrik（2001）等都曾以外贸依存度分析对外开放政策制度因素对经济增长的影响作用。[2]

借鉴 Bloom 和 Canning（2005）以乘积形式构建两个变量对应变量共同影响的分析方法，本文以城市化率与劳动年龄人口比例增长的乘积构建联合变量，以反映在允许人口迁移的制度安排中，人口年龄结构对人均 GDP 增长的影响；相似地，以外贸依存度与劳动年龄人口比例增长的乘积构建联合变量，以反映在对外开放的制度条件下，人口年龄结构对经济增长的影响作用。

根据上述思想并据方程（1），进一步构建方程（2）和方程（3）：

$$g\_y_t = \alpha \ln y_{t-1} + \beta_1 \ln w_{t-1} + \beta_2 (g\_w_t \times u_t) + \gamma g\_c_t + \phi X_t + \eta_t + \varepsilon_t \quad (2)$$

$$g\_y_t = \alpha \ln y_{t-1} + \beta_1 \ln w_{t-1} + \beta_2 (g\_w_t \times f_t) + \gamma g\_c_t + \phi X_t + \eta_t + \varepsilon_t \quad (3)$$

---

[1]　参见车士义、郭琳：《结构转变、制度变迁下的人口红利与经济增长》，《人口研究》2011 年第 3 期。

[2]　See Baldwin, R.2003, "Openness and Growth: What's the Empirical Relationship", *NBER Working paper* W9578.

其中，u_t 指 t 期的城市化率，是表征城市化水平的变量，f_t 表示 t 期的外贸依存度，是表征国家对外开放水平的变量，方程（2）中 $g\_w_t \times u_t$ 为城市化率与劳动年龄人口比例增长的乘积所构建的联合变量，方程（3）中 $g\_w_t \times f_t$ 为外贸依存度与劳动年龄人口比例增长的乘积所构建的联合变量。为了避免劳动年龄人口增长率变量 g_w_t 与联合变量 $g\_w_t \times u_t$ 以及 $g\_w_t \times f_t$ 的共线性问题，在方程（2）和方程（3）中去除了变量 g_w_t。

（二）数据来源与统计检验

模型分析中，1978—2008 年的 GDP、人均 GDP 以及人口年龄结构数据来自世界银行（World Bank，2009），人均 GDP 数据为人民币不变价格数据，进出口贸易额数据来自世界银行（2009）和《对外经济贸易年鉴 1984》；2009 年的数据来自《中国统计年鉴 2010》，2010 年的数据来自国民经济和社会发展统计公报以及第六次全国人口普查报告。

本文运用时间序列数据对方程（1）、（2）和（3）进行模型分析，首先需要对序列的平稳性进行检验，表 1 是模型中所用到序列的平稳性单位根（ADF）检验：

表 1　序列平稳性的单位根（ADF）检验

序列	t-Statistic	Prob.*	平稳性
g_y_t	−2.8169	0.0671	平稳
g_c_t	−4.4596	0.0013	平稳
g_w_t (−1)	−5.0757	0.0002	一阶单整
$\ln y_{t-1}$ (−1)	−3.2365	0.0269	一阶单整
$g\_w_t \times u_t$ (−1)	−4.6913	0.0002	一阶单整

续表

序列	t-Statistic	Prob.*	平稳性
$g\_w_t \times f_t$ (−1)	−4.6895	0.0007	一阶单整
$\ln w_{t-1}$ (−2)	−1.1691	0.6753	非平稳

注：零假设为序列存在单位根。* 为 MacKinnon（1996）单边 p 值。

检验表明，人均 GDP 增长率（g_y_t）和人均资本增长率（g_c_t）为平稳序列，前期人均 GDP 的对数值（$\ln y_{t-1}$）、劳动年龄人口比例的增长率（g_w_t）、劳动年龄人口比例的增长率与城市化的乘积（$g\_w_t \times u_t$）以及劳动年龄人口比例的增长率与对外贸易依存度的乘积（$g\_w_t \times f_t$）等 4 个序列为一阶单整序列，而前期劳动年龄人口比例的对数值（$\ln w_{t-1}$）序列则经过二阶差分还是不平稳，为非平稳序列。但庆幸的是，即使某些时间序列单独而言是非平稳的，但一些时间序列的线性组合却可能有不随时间变化的性质，即平稳性质。假如这样一种平稳的线性组合存在，则这些非平稳的时间序列之间具有协整关系或者长期均衡关系。接下来，运用 Engle 和 Granger（1987）提出的对回归方程残差进行单位根检验的方法，来判断各序列之间是否存在协整关系。① 若残差序列平稳，则说明被检验的一组变量（因变量和自变量）之间存在协整关系，若残差序列非平稳，则说明该组变量之间不存在协整关系。表 2 为方程（1）、（2）和（3）的协整性检验结果。

表2　方程（1）、（2）和（3）的协整性检验

方程	t-Statistic	Prob.*	是否协整
（1）	−8.0564	0.0000	协整
（2）	−8.0434	0.0000	协整

---

① 参见高铁梅：《计量经济学分析方法与建模》，清华大学出版社 2006 年版，第 154—155 页。

续表

方程	t-Statistic	Prob.*	是否协整
(3)	–9.0387	0.0000	协整

注：回归残差的单位根检验方法。零假设为残差（Resid）有单位根。

* 为 MacKinnon（1996）单边 p 值。

可以看出，检验拒绝了残差有单位根的假设，表明方程（1）、（2）和（3）的回归残差是平稳序列，即各方程的序列之间存在协整关系。这说明人均 GDP 增长与劳动年龄人口比例及其增长率以及人均资本增长率之间存在着长期的均衡关系；人均 GDP 增长与劳动年龄人口比例、人均资本增长以及劳动年龄人口比例与城市化和对外贸易构成的联合变量之间也存在长期的均衡关系。因此，方程（1）、（2）和（3）的构建都符合经济学原理，方程回归中不存在伪回归问题。

为了避免扰动项序列相关而导致模型估计结果失真的问题，进一步做回归方程残差序列的 Breush-Godfrey 拉格朗日乘数（LM）检验。在给定的显著性水平下，如果 LM 检验的 F 统计量和 $T*R^2$ 统计量小于设定显著性水平下的临界值，说明不存在序列相关，反之，若这两个统计量大于设定显著性水平下的临界值，则说明序列存在相关性。检验结果如表 3 所示。可以看出，对方程（1）、（2）和（3）的检验均不能拒绝原假设，即三个回归方程的残差序列都不存在序列相关性。

表 3　Breusch-Godfrey 拉格朗日乘数（LM）检验

方程	F-statistic	Prob	Obs*R-squared	Prob	是否序列相关
(1)	0.4719	0.6293	1.1641	0.5588	否
(2)	0.4869	0.6202	1.1996	0.5489	否
(3)	0.4234	0.6594	0.6594	0.5920	否

（三）回归结果与分析

基于上述检验结论，本文用最小二乘法（LS）对方程（1）、（2）和（3）进行回归分析，并采用异方差相容协方差（White Heteroskedasticity-Consistent Standard Errors & Covariance）方法，以避免异方差问题的影响。表4展示了各方程的回归结果。

调整的 R^2 值表明，方程（1）、方程（2）和（3）均拟合良好。三个方程中，前期人均 GDP（y_{t-1}）和前期劳动年龄人口比例（w_{t-1}）虽然呈现出预期方向（分别与人均 GDP 增长为负向和正向关系），但都没有统计上的显著性。

表4　年龄结构、城市化及对外开放对人均 GDP 增长的影响

	方程（1）	方程（2）	方程（3）
①$\ln y_{t-1}$	−2.3572 (−0.5780)	−2.3148 (−0.5635)	−2.3174 (−0.5604)
$\ln w_{t-1}$	66.0364 (1.1935)	51.3103 (0.3564)	48.6504 (0.8834)
g_c_t	0.2414*** (3.8175)	0.2525*** (3.7470)	0.2525*** (3.7339)
g_w_t	1.0744* (1.8810)		
$g\_w_t \times u_t$		0.0382** (2.0934)	
$g\_w_t \times f_t$			0.0365* (1.7862)
R^2	0.6035	0.6038	0.5968
调整的 R^2	0.5447	0.5451	0.5371
F 值	10.2726***	10.2883***	9.9931***
D.W 值	1.8783	1.8787	1.8328

续表

	方程（1）	方程（2）	方程（3）
观察值	32	32	32

注：***、**、* 分别代表 1%、5% 和 10% 的显著水平；方法：LS，经 White Heteroskedasticity-ConsistentStandard Errors & Covariance 修正。

应变量为人均 GDP 增长率 g_y_t。

从方程（1）的回归结果可以看出，本期的劳动年龄人口比例的增长率（g_w_t）以及人均资本增长率（g_c_t）均对人均 GDP 的增长显示出了显著的正向推动作用：在其他条件不变的情况下，人均资本增长率每提高 1 个百分点，可促使人均 GDP 增长约 0.24 个百分点；劳动年龄人口比例每提高 1 个百分点，可促使人均 GDP 增长约 1.07 个百分点，可见，由于劳动年龄人口比例的提高，中国经济增长确实获得了较为显著的人口红利。本文特别关注的是城市化与对外开放等政策制度因素对人口红利获取的影响作用。从方程（2）和方程（3）的回归结果可以看出，劳动年龄人口比例的增长率与城市化率以及与外贸依存度的联合变量对人均 GDP 的增长也显示出了显著的正向推动作用，尽管联合变量对人均 GDP 的拉动作用从系数上看没有方程（1）中劳动年龄人口比例增长率变量的拉动作用大，但由于改革开放后城市率和外贸依存度的提高幅度较大、较快，所以对人均 GDP 增长拉动的绝对量也是很明显的，这一点将在后文的表 5 中展示。值得注意的是，在纳入城市化与对外开放因素的方程模型（2）和（3）中，人均资本增长率对人均 GDP 增长的拉动作用较方程（1）有所提高，人均资本增长率每提高 1 个百分点，带动人均 GDP 增长率由 0.24 个百分点提升至 0.25 个百分点，这进一步印证了，劳动力从农业部门转向生产率更高的工业部门和贸易

---

① 请注意，此处自变量 y_{t-1} 和 w_{t-1} 与因变量之间是线性对数关系，其系数解读时，需乘 1%。详见（美）达莫达尔 N. 古亚拉提：《经济计量学精要》，机械工业出版社 2000 年版，第 163—164 页。

部门的"结构红利"提高了资本对经济增长的推动作用。由此可见，不仅城市化和对外开放等政策制度因素本身对人均 GDP 增长有着显著的正向推动作用，这些因素还进一步提高了劳动年龄人口比例以及人均资本等因素对人均 GDP 增长的贡献。可以说，由于城市化的快速发展以及对外开放的不断深入，中国经济增长获取了更多的人口红利。

表 5 显示了 1979—2010 年期间，在考虑城市化和对外开放因素后，人口年龄结构对人均 GDP 增长的提升效应，或者说中国经济增长获取的额外人口红利。可以看出，考虑城市化因素和对外开放因素的方程（2）和（3）比方程（1）在 1978—2010 年间累计获取"额外"人口红利 5.81 个百分点和 6.99 个百分点，平均每年多获取 0.18 个百分点和 0.22个百分点。城市化发展和对外开放进程确实促使中国经济增长获取了更多的人口红利。

表5　城市化与对外开放对人口红利获取的提升效应（1979—2010 年）

	方程（1）	方程（2）	方程（3）	方程（2）减方程（1）	方程（3）减方程（1）
g_c_t	73.70	77.09	76.83	3.39	3.13
g_w_t	28.20				
$g\_w_t \times u_t$		30.62		2.42[a]	
$g\_w_t \times f_t$			32.06		3.86[b]
合计多				5.81	6.99
平均每年多				0.18	0.22

注：数据 a 为 $g\_w_t \times u_t$ 减去 g_w_t 的值；数据 b 为 $g\_w_t \times f_t$ 减去 g_w_t 的值。
来源：基于表 4 的分析结果，经计算。

三、结论与启示

（一）基本结论

通过上文的实证分析，我们可以得出结论，1979—2010 年的中国经济增长获取了显著的人口红利，而城市化和对外开放等政策制度因素进一步提升和放大了经济增长中的人口红利效应。剖析其中的原因，我们认为，城市化发展与对外开放进程创造了大量的就业机会，并在很大程度上提高了劳动生产率，有助于将人口年龄结构优势转化为人口红利。

"人口红利"的获取不仅需要有年轻而丰富的劳动年龄人口，更重要的是，需要为这些劳动力大军提供足够的就业机会，否则，劳动年龄人口比例的增加也可能带来沉重的就业负担，阻碍经济社会的发展。我国劳动年龄人口从 1978 年的占总人口 54.99% 上升至 2010 年的 74.53%，数量已超过 10 亿，其中，有相当多的劳动力通过从乡村迁移至城镇的城市化途径而获得了就业机会。数据显示，我国的流动迁移人口 2000 年超过 1 亿、2005 年达到 1.47 亿，其中乡村迁往城镇的比例为 84.4%，并且人口流动迁移的主要原因就是务工经商。[1]2010 年我国的流动迁移人口进一步增加至 2.2 亿[2]，占全国总人口的 16.53%。可以说，改革开放以来，由于我国逐步放宽了对农村剩余劳动力向城市部门就业

---

[1]　参见段成荣、杨舸：《中国流动人口状况》，《南京人口管理干部学院学报》2009 年第 4 期。

[2]　数据来源于全国第六次人口普查公报。已扣除市辖区内人户分离的人口，即一个直辖市或地级市所辖的区内和区与区之间，居住地和户口登记地不在同一乡镇街道的人口。

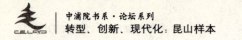
转移的限制,这使得迁移城市化的发展进程同时就是农村剩余劳动力获取就业机会的进程,为人口年龄结构优势转化为经济增长优势提供了政策制度保障,使得人口流动迁移及其带动的迁移城市化发展成为中国经济增长获取更多人口红利的一个重要途径。

对外开放进程的不断深入则是中国人口年龄结构优势转化成为经济增长优势、提升和放大人口红利的另一个重要途径。我国的对外开放进程始于东南沿海地区特别是珠三角地区承接香港"三来一补"的对外贸易活动,对劳动力的知识和技能要求相对较低。这些最初以劳动密集型产业为主要特征的外贸企业和外商投资企业的蓬勃发展,对于带动就业特别是小城镇和乡村的劳动力就业发挥着重要作用,成为快速增长的劳动年龄人口实现就业的一个重要渠道。资料显示,改革开放以来,我国外贸企业的就业人数增长迅速,2008 年在进出口企业的从业人数已超过 1 亿。① 可以说,对外开放的深入推进不仅促使对外贸易迅速发展而直接作用于经济增长,还由于其带动了大量就业而促使劳动年龄人口优势转换成为了经济增长优势,为中国经济增长获取额外人口红利提供了制度条件保障。

(二)主要启示

上述分析与结论的主要启示有两点。

第一,促进乡城迁移人口由"半城市化"② 状态向彻底城市化状态转变是中国经济增长持续获取更多人口红利的重要引擎。中国目前的城市化率为 49.68%,仍处于城市化进程的加速时期,按照城市化较成熟状态即 70% 的城市化率衡量标准,中国仍将继续获取人口城市化带来

---

① 参见《我国进出口行业就业人数已超亿》,《北京商报》,2008 年 12 月 8 日。
② 参见王春光:《农村流动人口的"半城市化"问题研究》,《社会学研究》2006 年第 5 期。

的人口红利。但中国在城市化领域的人口红利获取并不应该仅限于城市化数量水平的提高，还应该提高城市化质量或者彻底城市化水平来提升人口红利效应。目前中国的城市化率数据中，存在大量被统计为城镇常住人口但并不具备城镇户籍、并且没有享有与城镇居民同等的社保、医疗和教育等方面公共服务的"半城市化"人口。[1] 例如，2007 年，中国的城市化率为 45%，而具有非农业户籍的人口比重却只有 33%[2]，据此我们可以推测，中国目前的"半城市化"人口至少在 1.5 亿以上。通过提高对这些"半城市化"人口的公共服务水平，使其逐步享受与城市居民同等的公共服务待遇，实现"彻底的城市化"，可以进一步提高这些"半城市化"人口的生产积极性和劳动生产率，从而使经济增长获取更多的人口红利特别是生产率提高型的"结构红利"。正如蔡昉（2010）所指出的，我国可以通过推进户籍制度改革和均等公共服务，从城市化领域继续开发第一次人口红利的另一半。

第二，增加对劳动力的人力资本投资以提高企业的对外竞争力，进一步放大对外开放中的人口红利效应。对外开放是我国经济增长的重要引擎之一。上文指出，外贸进出口企业由于吸纳了大量劳动力就业，促使中国经济增长中获取了更多的人口红利。但从人口年龄结构变化规律角度而言，今天的劳动年龄人口优势在不久的将来会转化为沉重的老年负担或"人口负债"[3]。根据（陈友华，2005、蔡昉，2010）研究，随着人口年龄结构变化，2025 年至 2030 年我国的人口年龄结构型红利期即将结束。因此，如何抓住机遇，在人口红利期当中增加对劳动力在教育、技术等方面的人力资本投资、进一步提高经济增长中人力资本和技术要素的贡献，对于转型发展、提升产业结构和增强企业的对外竞争力而言至关重要。目前，我国企业的对外竞争力整体而言还不够强，特别

---

[1]　我国现行的统计方法中，将迁移至城镇 6 个月及以上的流动迁移人口就统计为城镇常住人口，而城市化率的统计则又是按照城镇常住人口为标准的。
[2]　参见蔡昉：《人口转变、人口红利与刘易斯转折点》，《经济研究》2010 年第 4 期。
[3]　参见彭希哲：《把握机遇，收获人口红利》，《人民论坛》，2006 年第 4 期（下）。

是外贸出口企业还大多以低成本和低价格作为对外竞争的单一筹码，在2008 年开始的全球金融经济危机中，这些企业的生存发展面临着巨大的挑战与风险，其中一些企业由于不具备核心竞争力而被迫关停或者被并购。经过改革开放三十多年的快速经济增长积累，现在是时候将所获取的年龄结构优势型"人口红利"用之于人力资本投资以提升知识推动型的人口结构红利，这是应对全球金融经济危机、提高企业对外竞争力的要求，也是放大人口红利效应、更好地促进经济增长的重要举措。

大学企业孵化器的运行模式

一、引　言

　　大学企业孵化器（或称为大学科技园、创业中心、创新中心等）作为产学研创新网络的新型组织形式，不仅高度集聚着知识、技术和人才等创新资源，而且为新创企业营造哺育性的商业环境，客观上实现了科技成果转化和新创企业成长的动态耦合。大学企业孵化器及其作用已经引起学术界和政府机构的高度关注。我国自 1999 年从国家战略层面启动大学科技园的建设，截至 2009 年经科技部和教育部共同认定的大学科技园 76 家，其中 2007 年 62 家国家级大学科技园累计转化科技成果近 4000 项。由于大学企业孵化器作为一个新生事物，国内外相关研究大多是定义和描述孵化器现象或简单介绍相关的运行实践，对大学企业孵化器商业模式和绩效评价问题的研究不甚深入。学术研究的相对滞后使得部分大学科技园的运行偏离了预期的发展模式，如进行"圈地和房地产开发"、"资本运作或炒股票"、"盲目招商引资"等。本文基于知识经济背景下高校的创新服务功能，从运作主体、孵化机制、在孵企业的选择和调节等方面系统地分析了大学企业孵化器的运行模式，通过对江苏 29 家孵化器和 148 家在孵企业的问卷调查，实证研究了我国大学企业孵化器的运行状况，从而为大学创新因素的有效延伸和孵化企业的市场化成长提供科学决策依据。

二、大学企业孵化器的运行模式分析

Main（1996）等众多学者认为，大学创办企业孵化器是促进新兴技术企业发展，以及提高科技成果产业转化的一种战略举措，其运行经费主要来自政府差额拨款和成果转化的合理收益。从国内外的商业实践看，目前大学企业孵化器并没有统一的运行模式，其运行状况依据不同孵化器的运行主体、孵化机制、在孵企业的选择与和调节等特征而有所不同。

就运作主体而言，我国大学企业孵化器的模式主要有两类：一是大学独资，如北航科技园；二是大学与企业合资，如清华科技园（独资运行 5 年后与其他公司合作）、北理工大学科技园等。Amanda 和 Martyn（2003）认为，大学企业孵化器及其在孵企业的成功运行与大学教育有很大关系，大学应设专门的培训项目，主要面向理工科学生，向他们讲授创业技巧，培育出一批富于创新精神和创业理念的学生网络，从中发现一些有价值的"创意"，然后由孵化器帮助他们实施可行的创业计划，逐步达到科技成果和产业转化的无缝连接。如清华大学科技园提出了"三重二级孵化体系"的构想，即在科技园内形成人才孵化、成果孵化、企业孵化和面向一般科技型小企业的普通孵化，面向有一定技术基础企业的高层次孵化，这样就使人才、项目和企业孵化互动，形成有机结合的孵化链。Peters，Rice 和 Sundararajan（2004）研究了不同参与主体对孵化器功能和运作流程的影响，认为大学主要关注孵化器对科技成果的产业转化以及学生创业和就业技能培训的作用，而企业则更多地关注孵化器的资产增长、技术转移以及在孵企业的投资机会。尽管大学形象、实验设备和优秀学生构成的人力资本等要素，能够在很大程度上提升在孵企业的价值，但随着孵化器的发展趋势由组织形态的"孵化器网络"向深化服务的"网络孵化"发展，在孵企业将对孵化器提出更为专业的资源和服务需求。为此，大学企业孵化器的可持续发展需要引入相关企业参与合作，参与主体的多元化不仅能为在孵企业提供有针对性的、高质量的基础设施和设备以及高水平的专业咨询和服务，而且能够为在孵企业提供市场信息，帮助其与可靠的供应商建立联系，甚至提供市场渠道或直接的客户，从而大大地降低其市场化中的风险，提高孵化的成功率。

从孵化机制看，我国大多数大学企业孵化器（科技园）仍然以提供硬件设施和中介代理服务为主要孵化模式，如提供企业注册、审批代理、税务代办和物业管理等一般性支持服务，至关重要的研发创新功能并没有发挥应有的作用。在传统的产学研合作模式中，大学科技成果一般通过技术转让等方式导入企业，这种方式呈现静态、间断的特征，一般只适合于应用已成熟的技术，难以导入成果开发者自身的技术诀窍、经验等隐性技术，而这些隐性技术却是科技成果产业转化的关键。大学企业孵化器不仅实现了高校研究人员或海外留学人员科技成果的"带土移植"，而且可以为研究人员进一步的技术升级和扩展功能积累翔实的第一手资料，从而达到知识流、技术流和信息流在科技企业与大学之间良性循环的产学研创新效应。Akçomak（2009）总结众多学者对孵化器孵化机制的研究结论，发现孵化器硬件设施、融资服务、孵化器形象以及与本地产业集群的互动等因素显著地影响其运行绩效。此外，影响孵化能力的因素还包括孵化器网络建设状况、孵化器支持服务网络密度、管理人员与在孵企业的关系、孵化器社会资本的分布、孵化器发展水平以及程序标准化和政策制度化等（Sherman&Chappell，1998；Paul，2003）。Pena（2004）对114家在孵企业的实证研究表明，影响在孵企业成功的决定因素是企业管理者的人力资本和孵化器提供的管理培训和支持服务。然而，缺乏高水平的专业管理人才也在很大程度上制约了大学企业孵化器为创业企业提供各种"软"服务的能力，张帏（2007）通过对40多家中关村大学科技园留学人员创业企业的问卷调查显示，创业企业在发展中面临着缺乏有效的融资途径和投融资信息沟通渠道以及市场拓展困难等主要瓶颈，这在很大程度上与园区提供的增值服务能力较弱密切相关。如何搭建各种服务平台、更好地实现科技成果转化以及帮助创业企业成长，是大学企业孵化器实现向专业型孵化器转型升级的主要障碍。

关于在孵企业的选择和调节，国家科技部和教育部有明确规定，大学企业孵化器应当选择科技型创业企业和研发机构，且必须满足企业研发、生产的项目或者产品属于《中国高新技术产品目录》范围等七项条件。Autio 和 Klofsten（1998）指出，孵化器与在孵企业间良性关系的基础是孵化器对在孵企业急需资源的有效供给。卢锐、盛昭瀚和袁建中（2001）将企业核心竞争力理论引入孵化器研究，提出孵化器自身"核心资源"的数量和质量将决定其是否能够与在孵企业建立起双赢的合作关系。O'Neal（2005）从两个方面探讨了大学企业孵化器如何成功选择创业企业以及促进企业成长：一是孵化器聚焦于与大学自身优势学科相关的产业领域，二是应明确孵化器能够提供哪些关键的技术和服务。以中关村海淀园的十家国家级大学科技园为例，清华科技园汇聚了400多家具有自主知识产权的核心技术的 IT 企业，北航科技园约70% 的在孵企业为软件企业或机构，以及北邮科技园的电信企业群、北科大科技园的新材料企业群等，这些特色的企业集群是推动中关村地区高新技术产业聚集的活跃群体。Culp（1996）认为，选择那些实力弱但能够更好地融入孵化器和地方经济系统的企业可以最大限度地发挥孵化器的功效，而孵化已经具有盈利能力的企业既会浪费资源，也难于使企业改变已经形成的经营战略以适应孵化器的要求。然而，我国一些大学科技园为了尽快实现企业入驻率目标，在实际招商中忽略了对服务对象的筛选和调节，即一些明显不符合大学科技园功能定位的企业入驻科技园，甚至比重较大。2009 年 8 月，科技部和教育部审核确认了 56 家国家大学科技园符合享受 2009 年度国家税收政策条件，这意味着有 20 家没有通过税收审查。据调查没有通过税收审核的 20 家大学科技园，部分是由于提供给在孵企业使用面积占可自主支配场地面积不足 60%，或者是在孵企业数量占园区总数量不足 45%，远远高于国家规定的非在孵企业只能占 10%。

Geenhuizen 和 Soetanto（2009）基于英国、挪威和匈牙利等欧洲国家 40 家大学企业孵化器的实地调查，针对学者们普遍讨论的影响孵化器运行的因素进行实证检验。研究结论表明：股权多元化和提供增值服务的能力可以显著地促进孵化器的快速成长，管理人员的风险态度、发展战略以及存续时间对孵化器的成长影响较弱，而位于经济发达城市的地理属性反而不利于孵化器的成长，这可能与该区域商务成本较高有很大关系。

三、大学企业孵化器运行状况的实证研究

我们对江苏南京、苏州、常州、徐州、无锡、南通等 29 个国家或省级大学企业孵化器和 148 家在孵企业进行实地访谈和问卷调查，主要涉及孵化服务五个方面内容，即科技企在孵企业的硬件设施支持服务、融资服务、管理咨询服务、中介代理服务和关系网络支持服务，由企业孵化器的管理者和在孵企业的创业者根据实际情况对结构化问卷所列 28 个测量项目进行回答，从而获取有关孵化器运行状况的第一手数据。问卷调查结果显示（见表 3）：一是现阶段大学企业孵化器孵化服务仍主要在场地租赁、政策咨询、注册和审批代理以及协助申请政府基金等一般性支持服务，不仅开设服务的孵化器比例高，而且孵化服务的供需也较为平衡；二是部分孵化器针对科技型创业企业的发展需求拓展相应的

高层次孵化服务,包括融资担保、技术转让中介、市场推广、企业之间的沟通与协调服务等,但相当比例有服务需求的在孵企业未能接受服务,孵化服务供需不平衡现象比较突出。根据大部分被访孵化器管理者反映主要是由于缺乏企业家人才和高级技术人才,难以提供有针对性的高层次服务,而且由于体制性因素,孵化器人员对在孵企业的实际运行状况并不十分了解,因而也没有能力提供有效的个性化孵化服务;三是在融资服务方面,与美、英、法、日、德等发达国家中风险投资是解决中小科技企业融资的主渠道相比,孵化基金直接投资和申请政府基金项目是目前我国在孵企业获取外部融资的主要途径,虽然政府支持数额不大,但对资金紧缺的初创企业支持作用明显,而且能增强企业的社会信誉,吸引更多的创业资本投资于在孵企业;三是在孵企业对孵化服务总体满意度不高,在五大类服务中仅有硬件设备支持服务的满意比率超过了60%,更多的是体现对收费低廉的场地租赁服务的认同和肯定,其他四大类服务的满意比率均在40%以下,尤其是向在孵企业提供诸如法律事务、技术转让等高层次中介代理服务的满意比例仅有30.4%,说明大学企业孵化器的"软服务"能力需要相当的改进和提高。

表1 江苏省大学企业孵化器运行状况的问卷调查

调查内容	调查结果	提供服务的孵化器比例(%)	有服务需求的在孵企业比例(%)	接受过此项服务的在孵企业比例(%)	在孵企业对此项服务的满意比例(%)
支持性硬件设施	场地租赁	100	86.8	85.8	60.3
	生产设备租赁	48.6	17.6	6.1	
	办公设备租赁	65.5	41.2	31.8	
	生活设施租赁	48.3	22.9	0.6	
中介代理服务	注册和审批代理	65.6	46.6	41.2	30.4
	人事代理	17.2	22.3	4.7	
	法律事务代理	55.1	35.8	12.8	
	会计事务代理	27.5	15.5	12.1	
	进出口代理	20.6	17.5	4.7	
	技术转让中介	44.8	38.5	26.3	

续表

调查结果 调查内容		提供服务的孵化器比例（%）	有服务需求的在孵企业比例（%）	接受过此项服务的在孵企业比例（%）	在孵企业对此项服务的满意比例（%）
管理咨询服务	创业策划	41.4	32.4	16.9	39.8
	信息咨询	48.2	52.0	49.3	
	政策咨询	82.8	64.8	56.0	
	技术顾问	24.1	26.3	13.5	
	财务顾问	17.2	16.2	6.1	
	企业发展战略顾问	37.9	22.2	14.2	
	市场推广和营销	13.7	37.8	14.1	
	人员培训	31.0	25.7	18.9	
融资服务	孵化基金投资	55.2	65.5	30.4	33.1
	提供信用担保	41.4	45.9	25.6	
	引入风险投资或社会投资	27.6	25.7	12.1	
	协助申请政府基金	72.4	58.1	39.8	
关系网络支持服务	孵化器内部企业间的沟通与合作	38.6	50.0	35.2	33.7
	与孵化器外企业的沟通与协调	15.5	48.2	12.5	
	同业或跨行业的技术交流和交易	62	33.2	19.8	

四、结论及政策启示

基于理论分析和实际调查，本文认为大学企业孵化器要实现可持续发展，必须发挥所依托大学的学科优势，努力实现某些特定产业的集聚，培育出一批具有良好成长性的知识和科技型创业企业，这是大学企业孵化器成功运行的最重要标志。为此，要推动大学企业孵化器成为我国新的经济发展和技术创新的"增长极"，需要处理以下关系：

一是创新功能与招商引资的关系，大学企业孵化器要在紧密结合国

家和所在省市重点发展产业、所依托大学的学科优势与市场需求的基础
上，进一步明确大学企业孵化器高科技企业优先发展的创新创业功能，
促进新兴产业集群的形成和壮大，避免以税源为基础的招商引资和借机
圈地。

二是企业参与和孵化器公共产品属性的关系，由于大学企业孵化器
的外部效应较强，在目前以提供场地和一般支持性服务的运行模式下，
大多不盈利且需要依靠大学补贴，引入市场化投资是大学企业孵化器可
持续发展的必然要求，企业化运作可能导致大学企业孵化器盈利趋向增
强，从而经营一些与孵化器功能定位不相关的业务，如资本运作、房地
产开发等。

三是资源制约和提升服务能力的关系，大学企业孵化器商业人才、
投资资金、市场信息等资源的缺乏，制约了其为创业企业成长提供更多
增值服务的能力，而高水平的专业咨询和服务是创业过程中的核心要
素。为此，大学企业孵化器需要进一步吸引和有效整合创业资源，主动
地吸引有较为丰富产业和管理经验的优秀海外留学人员回国创业，改善
制约创业投资和创业企业对接的瓶颈，积极探索"孵化器＋创业投资"
的发展模式，使得大学企业孵化器能够更好地为创业企业的孵化和成长
服务。

基于区域合作的长三角城市创新体系建设：昆山对策

李树启

（中国浦东干部学院教务部教务管理处处长、博士）

研究表明，城市竞争力的提升有两条主要途径，一是进行产业创新，二是加强区域合作。长三角城市竞争力要得到进一步提升，就必须在优势互补和利益共享的前提下强化合作机制，同时要在区域合作的基础上构建和完善城市创新体系。这种基于区域合作的城市创新体系是国家创新体系及长三角区域创新体系的一个子系统，是一个开放的动态系统，各个子系统之间将持续开展创新要素的互动交流。它涵盖了科技创新、制度制新、管理创新、政策创新等内容，集合了研发网络、信息技术交流网络、科学实验室共享网络、成果转化服务网络、风险投资网络等平台。通过基于区域合作的城市创新体系建设，将有力推进城市"创新驱动、转型发展"战略，有效提升城市产业层次和竞争力。为科学构建和完善基于区域合作的城市创新体系，本研究将深入探讨这一创新体系的内涵、必要性及相应政策建议，期冀对长三角城市特别是像昆山这样的中小城市有所启示。

一、长三角城市创新体系的内涵界定

创新体系是一个促进创新的制度系统和组织系统。关于区域创新体系的定义和内涵，目前学术界还没有形成一致的看法。权威学者 Cooke 认为，区域创新体系主要是由在地理上相互分工与关联的生产企业、研究机构和高等教育机构等构成的区域性组织系统，该系统支持并产生创新。[1] 区域创新体系可定义为"地理上确定的、行政上支持的创新网络和机构的安排，这种安排以有规则的强力相互作用提高了区域内企业的创新产出"[2]。

所谓区域，是指具有空间接近，自然环境和社会、经济、文化环境相似，具有一定凝聚力的地理单元，表现为区内一致性和区外差异性的特征。区域可以是跨行政区域的地理单元，也可以是单个行政区域的地理单元。区域是相对的，它的地理边界有一定的模糊性，它可以大至几个省域的范围，也可以小至几个乃至一个市域、县域的范围。本研究所称的长三角即是横跨苏浙沪三个省级行政区、由 16 个地级以上城市、诸多县级城市构成的区域。

所谓城市，在我国现行体制下，是一个与行政管辖权直接相关的地理与行政复合概念，依照行政级别可分为省级（副省级）、地级、县级三类城市。长三角城市既是植根于长三角区域的地理单元，也是独立的行政单元。可见，长三角城市创新体系根植于长三角整个区域创新体系，两者在地域、结构、功能和目标等方面应该具有高度关联性，同时在构成要素的层次与边界、创新体系的功能与定位等方面应该存在差

① See Cooke, P. "Regional Innovation Systems: Competitive Regulation in the New Europe". *Geoforum*, 1992, (23): 365-382.

② Cooke, P and Schienstock, G. "Structural competitiveness and learning regions," *Enterprise and Innovation Management Studies*, 2000, 1(3):265- 280.

异性。①

　　基于上述认识，根据我国行政管理体制现状，我们可以将城市创新体系界定为城市行政管辖范围内由相关技术创新主体、相应政策、法规、机制和组织构成的网络系统。

　　目前，在财政分权体制下，随着各地经济、科技的快速发展，地方政府对创新的支持力度在不断提升，城市正在成为我国科技创新和产业创新的最重要载体和推动力量，城市创新体系也将成为创新研究的重要对象。

二、长三角城市构建和完善基于区域合作的创新体系的必要性

　　成功的创新体系需要利用内部产生的知识以及外部可利用的知识来增强创新能力和保持竞争力（Doloreux, 2005）。② 提高创新体系域的开放性，是提升创新体系效能的基本前提。特别是，城市创新系统与国家创新系统相比，不可能也不必都具有齐全的要素、完备的结构。体系内某些要素的缺失，完全可以通过体系外要素交流来弥补，从而保证城市创新体系的效能不会削弱。若过于强调行政边界，不顾及现实能力，盲目追求创新体系中要素与结构的完整性，一味要求大而全、小而全，看不到创新体系之间互动交流对本地创新的重要意义，忽略体系外要素的贡献度，必然会影响城市创新体系的效能。因此，单纯地以行政区划为界的城市创新体系会会有一定的局限性，构建和完善基于区域合作的城市创新体系实属必要。

---

　　① 参见杨忠泰：《区域创新体系与国家创新体系的关系及建设原则》，《中国科技论坛》2006 年第 5 期。

　　② See Doloreux and Hommen. *Identifying Regional Innovation Systems in Globalizing Economy: A Plead for an Intergrated View*.2005.

但现实的情况是，由于行政体制的制约，目前的长三角城市创新体系往往强化了行政区域因素，在某些方面人为地弱化了创新体系之间的联系，阻隔了创新主体与要素的流动，既限制体系内要素的流出，也不利于体系外要素的进入，在一定程度上保护了体系内一些曾经成功但正在趋于落后的成分，从而降低了城市创新体系的创新效能。概括起来讲，当前长三角城市创新体系存在的主要问题表现为：

（一）功能定位重复，分工与特色体现不足

各地的创新体系应该强调错位发展与合作发展，应该强调将培育本地科技力量与利用外部科技力量结合起来，使科技资源更好地服务于本地特色、支柱产业。但实际情况是，由于受地方利益和干部政绩观的影响，各地片面强调自我中心、以我为主的指导思想，创新体系小而全，功能定位趋同，不同城市之间创新体系在功能与定位等方面缺乏互补性，彼此同位竞争，拼资源、拼政策、拼成本和拼服务，各自的优势与特色得不到发挥。特别是一些中小城市的创新体系被人为地赋予了许多本该中心城市创新体系和整个长三角区域创新体系承担的工作，"越位"和"缺位"的问题并存。这不仅会造成长三角城市之间产业同质竞争的局面，也会造成地方科技投入重复与不足并存的局面，无法将有限的财力、科技、人才等资源聚焦于支持本地优势产业创新，无法有效吸收和利用外部创新资源来协作开展重大工程的创新攻关，制约了有限的创新资源的服务效度。

（二）体系封闭，体系之间互动交流程度不够

由于行政体制的束缚，各地创新体系中产业与产业之间、高新技术

产业与传统产业之间、科研院所、重点高校与企业之间联系较弱，往往自成体系，缺乏专业化分工和社会化协作，创新活动大都在体现内部进行。

目前，在各地政府的主导下，长三角各城市都以我为主来确定自身发展目标，各地市场体系建设的出发点首先是保护和发展本地经济，多类市场呈现出较强的相互分割的特征。即使作为全国经济中心城市的上海，除证券、外汇、期货、黄金、钻石这样一些全国性市场以外，其他类型市场的运作范围也仅限于本市，无法实现跨地区的整合。虽然，长三角城市的经济运行在一定层面上有些协作与联合，在管理制度和政策一体化方面做了一些尝试，如建立了 15 个城市的市长联席会议制度，成立了具体的办事机构——协作办等，但无法建立一个具有跨界功能和操作手段的权威机构。区域一体化的程度还远远不够。

（三）体系内容的侧重点有所偏差

由于认识上的原因，某些城市的创新体系在功能指向存在一定程度的偏差，将工作重心放在了发展"科技"上，过分追求科技直接相关指标的提高，忽视了科技创新的目的在于促进产业创新，忽视了科技创新的产业化及其对传统产业的改造，有为创新而创新、为科技而科技的倾向，结果是科技发展与经济发展两张皮，科技的经济效益没能充分实现，科技与经济不衔接、不协调的矛盾依然凸显。我们必须清醒地认识到，科技是创新的一个重要环节，生产、营销、服务同样是创新的重要环节。创新不仅仅是科技创新，也包括制度创新、组织创新和服务创新。一切创新的最终指向是促进经济社会的发展。若只重视科技创新活动，而忽略其他创新活动；只重视创新活动本身，而忽略创新活动存在的应用，这样的创新体系是存在严重偏差的。

三、建设基于区域合作的长三角城市创新体系：面向昆山的对策建议

鉴于上述现实情况，构建和完善基于区域合作的城市创新体系势在必行。昆山的城市创新体系建设，应充分考虑其与区域内其他城市创新体系之间的内在关联性、区域科技资源布局"根植性"、技术能力的非流动性、技术溢出的"空间局限性"等条件，通过强化制度创新、组织创新等途径，提高本地创新体系的开放度，优化整合本地创新体系内外创新要素，针对企业、高等学校、科研院所、中介服务组织和政府机构等不同的创新主体，不断完善和更新配套政策举措和实施办法，有效提升本地创新体系的效能。

（一）根据分工协作原则，重新审视和定位城市创新体系的功能目标及工作侧重点

昆山要按照国家创新体系规定的原则，建立适合本地特点、富有多样性和灵活性，并与区域和国家创新体系保持有效互动的城市创新体系。城市型创新体系应该不强调知识创新，而侧重产业化，可以围绕几个优势、特色产业重点做文章，通过促进产业集聚和创新，体现出不同的创新特色，对于某些弱势产业，城市创新体系可以有所不为。要从整体上调整创新发展的思路，重新审视和定位城市创新体系建设的功能目标，不求大而全，但求实而特。要在发挥科技的经济效益上下功夫，重视科技创新链下游的开发研究、技术转移和创新辐射，着力推动成果转化、人员流动、技术转让和示范学习，促进科技创新更好地服务于产业创新和城市竞争力的提升。

为此，作为中小城市的昆山，要根据本地产业发展对科技的实际需求，选择若干重大科技项目，通过完善科技园区、科技孵化器等科技转化平台，集聚技术、资金、人才等要素资源，形成创新、创业基地，以强化产学研合作为突破口，做好国家和中心城市科技成果产业化的下游工作，使其在本地开花结果。同时，要积极引导本地企业、科研单位承接国内外科技企业的外包业务，争取市外大企业将研究开发中心、设计中心、生产基地设在本地。此外，要大力发展直接服务于地方企业、地方科技的市属职业教育院校，对企业吸纳人才、培训员工给予更多支持，对企业改进管理、规范运作给予更多指导和培训。

（二）加大制度创新力度，强化地方政府的引导
　　作用，促进城市创新体系之间的合作交流

要以制度创新为抓手，充分发挥地方政府的引导作用，创建城市创新体系之间的互融互动机制，推动单个城市创新能力的快速提升。地方政府作为城市创新体系之间开展合作的有力推动者，其相关部门要按照建设创新型城市的总体要求，强化组织协调、统筹领导，更加主动地搭建城市间的合作框架，建立沟通协调的长效机制，消除合作交流的体制障碍，避免政策与法规冲突，对不利于互动合作的地方政策要及时调整或废止。同时，要通过建设跨行政区的创新平台，使各地创新主体能够共享创新的基础设施，保证创新主体在研究开发、投资担保、人才引进、技术入股、土地供应、市场开拓、信息共享等方面能够享受良好的公共服务，降低互相之间的交易成本，要通过开展联合攻关等渠道，加大城际创新资源的整合力度，促进创新主体能够有效顺畅地开展合作。此外，还要采取措施，大力提高作为创新活动重要载体的高新技术产业开发区的开放程度，加强与区外的信息、技术交流合作的力度，吸纳区外创新资源，提高区内技术创新的起点，拓展知识产业链条。

自 2003 年开始，江浙沪三地科技主管部门在推动区域合作方面就有所动作。但与区域一体化的要求、与城市创新体系之间互融互动机制的要求相比，这种合作的程度还远远不够。未来的合作要调动中小城市特别是县级市的积极性，从省级层面向地县级城市层面延伸，要从科技部门向财税、人事、综合等部门延伸，要从协议框架向实施细则领域延伸，要创新资源共享向创新效益共享领域延伸。在此方面，昆山应该积极作为，担当县级城市领头羊的角色。

（三）高度重视金融的力量，着力优化科技金融工作机制，将科技金融体系建设作为城市创新体系建设的最重要的内容之一

如果说在现代经济中，科技是第一生产力，金融则是第一推动力。科技和金融的结合会对经济发展产生深刻的影响。科技金融包括一系列促进科技开发、成果转化和高新技术产业发展的金融工具、金融制度、金融政策与金融服务的系统性、创新型安排，是由向科学和技术创新活动提供金融资源的政府、企业、市场、社会中介机构等各种主体及其在科技创新融资过程中的行为活动共同组成的一个体系，是创新体系的重要组成部分。因此，构建和完善城市创新体系，就必须重视金融的力量，着力优化科技金融体系，以金融创新推动科技创新，以金融支持科技转化，将科技金融体系建设作为城市创新体系建设的最重要的内容之一。

就现实情况看，昆山 2006 年、2007 年、2008 年、2009 年、2010年五年全市工业企业的 R&D 经费占 GDP 比重分别为 1.55%、1.76% 和1.91%、2.0%、2.2%。国际经验表明，技术开发资金占销售额 1% 的企业难以生存，占 2% 的可以维持，占 5% 的才有竞争力。按此标准，昆山企业用于技术创新的 R&D 经费投入普遍不足，资金投入缺口很大。

所以，充分发挥科技金融的支持作用，在现实中尤显迫切。

鉴于科技金融服务体系的"政策性"取向与战略定位，地方政府要对科技金融予以更多倾斜性支持，引导其创新机制，不求短期回报，甘愿承担科技型中小企业成长过程中面临的市场风险、技术风险、财务风险和管理风险。同时，由于科技金融范畴涉及银行、保险、担保、创业投资、资本市场、债券等多个领域，昆山的科技、发改、财政、税务及金融监管等部门要密切配合协作，对分散于多个部门的财政性投入资金进行统筹集成，对重叠冲突的政策脉络重新梳理贯通，确保相关政策措施的协调性、实效性，确保资金链条能够有效地从科技创意贯通到创新产品和产业化整个过程。

需要注意的是，作为中小城市，昆山要着力于优化科技金融的工作机制，没有必要也不可能构建完整的科技金融机构体系。如，没有必要自行组建风险投资机构体系、资信评级机构体系，完全可以通过政策引导市外风投机构进入本市从事相应活动。

（四）完善扶持政策，鼓励中介组织发展，强化中介组织的创新服务能力

中介机构提供的服务具有较强的社会效益，但其贡献与获益往往不对等。因此，地方政府有必要完善扶持政策，通过免税、给予补贴、注入财政资金等手段，鼓励发展资金中介、人才中介、信息中介、技术中介等中介机构，提高中介机构的经营能力，强化中介机构的服务深度和服务能力。如果缺失了大批优秀的技术评估、资产评估、资信评级、会计审计、财务金融、咨询服务等中介机构和中介人才，也就不会产生规范和完善的技术交易市场、产权交易市场、人才市场等市场类型，无法形成有利于高科技产业发展的市场体系，科技创新与产业创新就失去了依托力量。

（五）深化科技体制改革，建立以企业为中心、
以科技成果转化为导向的产学研创新链条

要深化科研机构改革，加速推动科研院所转制并建立现代企业制度，对一些缺乏市场生存能力的科研院所的可以与大型企业进行合并重组，作为企业的研发中心参与科技转化工作，充实企业研发实力。

作为创新体系中最重要的创新主体，企业要着力优化技术创新的生成机制和激励约束机制，以此强化利用外部科技资源的意识和能力，要根据自身发展的实际需求，选择好技术项目，主动与有关方面做好对接工作，主动促成科技成果的产业化。

作为地处中小城市的企业，要特别注重利用大城市、大企业技术溢出的区域性特征，借助人员流动、技术转让和示范学习等途径来内化和提升自身的创新能力，并通过构筑企业技术开发联盟，实现协同开发和优势互补，推进技术成果产业化。

（六）营造有利于创新的人文环境，使之作为
完善城市创新体系的应有之义

要鼓励设立各种类型的俱乐部、沙龙、爱好者协会、自愿组织等专业交流和社交场所，提升市内外科技人员在本地交往的意愿和频率，促进创意的产生。美国硅谷的实践表明，科技人员交往频繁是产生创意的重要途径。中关村地区也存在类似的情况。广泛、轻松的人际交往所形成的无形网络具有成本低、效率高的特点，有利于激发创意、促进创新。

同时，要特别重视通过电视、报纸等多种媒体和多种教育形式，强化宣传创新精神、开拓精神、冒险精神、合作精神与包容精神，培育开

放的、包容的人文环境。英国《经济学家》杂志曾指出，硅谷的优美之
处在于它那种能够产生相互激励的文化结构。这种文化结构的构成成分
包括对失败的宽容，对所谓"背叛"的宽容，喜爱寻求风险，自我再投
资，对变化的热情，论功行赏，对技术的迷恋胜过金钱，合作精神，公
司的多样化以及每个人都可以成功的信念，等等，这种文化与传统保
守、按部就班的日本文化，害怕风险、一丝不苟的德国文化，喜欢投
机、商人味重的中国香港文化显著不同。正是这样的人文环境促进了硅
谷的科技创新与产业创新。硅谷的创新氛围与人文环境值得长三角各城
市学习。昆山不仅仅要将创新体系建设看做是一项经济机制建设行为，
更要将其看做是一项'生态环境'建设行为，在昆山营造适合技术创新
和产业创新的土壤和气候，为高新技术产业的发展提供强有力的人文
支撑。

上海"两个中心"建设背景下
花桥国际商务城发展研究

唐乃新　王中民　朱仁林　张超

（昆山市花桥国际商务城管委会）

上海"两个中心"建设是新时期党中央、国务院着眼于全国发展大局作出的重大决策部署。而花桥国际商务城是江苏嵌入上海的一块宝地，是上海联通、辐射江苏的重要节点，有其特殊的战略地位。应该把花桥国际商务城建设放在打造长三角世界级大都市群视角下考量，主要着眼于：不受行政区划的局限，积极参与上海"两个中心"产业分工与合作，形成一体化发展机制。在制度创新上要成为长三角一体化发展体制改革的实验区和示范区，在城市化上要成为上海国际大都市的卫星商务城，在发展上要成为中国沿海发达地区经济转型的引领区和攀登全球产业价值链高端的先行区。

一、推进上海"两个中心"建设的
时代背景和主要目标

2008年和2009年是不同寻常的两个年份。两年里，国务院分别出台了针对长三角和上海发展的两个《意见》，完成了推进我国长三角地区发展的战略部署。

（一）长三角一体化的宏观视角

《国务院关于进一步推进长江三角洲地区改革开放和经济社会发展的指导意见》指出，要"把长江三角洲地区建设成为亚太地区重要的国际门户、全球重要的先进制造业基地、具有较强国际竞争力的世界级城市群"的总体要求。打造长三角世界级都市群是中国社会经济转型升级的重要任务，也是中国提升国际竞争力的重要途径。在经济全球化的今天，世界资源和要素向国际大都市及其周边地区集聚的倾向更加明显。一个国家要在国际经济体系中占有优势地位，必须打造具有世界级影响力的都市群。以日本为例，20世纪90年代以来，适应经济全球化下的要素集聚进一步加剧的趋势，日本经济和产业的空间结构开始从大东京—大阪这样的哑铃结构向东京为中心的"一极集中"的演化，东京成为引领日本经济国际化和产业结构升级的排头兵，为日本经济在世界经济格局中占有重要地位起到了支撑作用。中国要适应国际竞争环境，加快经济转型和产业升级，就必须打造具有国际竞争力的都市群。在中国沿海三大都市群中，长三角都市群地位最为突出，基础也最好。而上海作为核心城市正发挥主体辐射作用。

（二）上海"两个中心"建设的国家战略

《国务院关于推进上海加快发展现代服务业和先进制造业建设国际金融中心和国际航运中心的意见》，是在当时全球金融危机与中国经济转型升级的独特背景下出台，要求不失时机地推进上海国际金融中心和国际航运中心的建设。进一步推进上海"两个中心"建设，是从全球化的需要出发来提升上海发展的战略地位，使上海"更好地发挥综合优势，更好地发挥带动示范作用，更好地服务长三角地区、服务长江流域、服务全国"，同时，长三角周边城市也应更好地与上海实现良性互动、融合发展，"实现科学发展、和谐发展、率先发展、一体化发展"。这是整个长三角地区的新使命、新征程。

（三）上海"两个中心"建设的战略目标

根据国务院的《意见》，上海建设国际金融中心的总体目标是，到2020年，基本建成与我国经济实力以及人民币国际地位相适应的国际金融中心，基本形成合理的金融市场体系、金融机构体系、金融人力资源体系、法律法规体系，以及具有国际竞争力的金融发展环境。建设国际航运中心的总体目标是，到2020年，基本建成航运资源高度集聚、航运服务功能健全、航运市场环境优良、现代物流服务高效，具有全球航运资源配置能力的国际性航运中心，基本形成国际航运枢纽港、现代化港口集疏运体系和现代航运服务体系。上海要成为新的跨国界金融和航运中心，作为集聚大量商务活动的网络枢纽，一方面需要加强与全球经济交易活动（金融、投资、物流及服务贸易）相连接，另一方面则要向城市群地区和腹地市场延伸，带动长三角区域一体化发展，形成一个共建共享、优势互补、合作共赢的体系。

二、花桥国际商务城融入上海"两个中心"建设的条件分析

从纽约、伦敦、东京、巴黎等国际金融航运"双中心"城市现代服

务业发展模式来看，一般先是都市型 CBD 模式，但伴随信息技术和经济全球化进程的不断加快，在经济总量增加、经济结构变化、信息技术发展和人口规模扩张等因素驱动下，其布局都从中心城区向周边 1 小时经济圈内的郊区集聚，呈现出 CBD 分散化的规律，如纽约旁边的新泽西、伦敦金融城、东京新宿、巴黎拉德芳斯等。这些现代服务业集聚区，都是通过有选择地进行集中、连片、成规模的开发，形成都市近郊、交通方便，生活配套、环境优越，成本低廉、政策优惠的产业发展环境，大大增强了对服务业资本的吸附能力和集聚能力，从而实现产业集聚化、资源集约化、服务集成化、人才集中化发展。

花桥国际商务城位于江苏和上海交界处，是上海对外经济主通道——沪宁经济走廊的第一个节点，区域内有 2.5 平方公里位于上海郊环线内。作为离上海最近，接受上海辐射最强的地区，花桥国际商务城具有"不是上海，就在上海"的地缘优势，是长三角区域发展特别是苏沪紧密合作的重要战略节点。也正因为如此，江苏省委、省政府早在 2005 年就提出开发建设花桥国际商务城的战略构想，并明确了商务城"融入上海、面向世界、服务江苏"的发展定位，推动商务城大力发展现代服务业，加快建成上海国际大都市的卫星商务城。在长三角一体化和上海"两个中心"建设中，苏沪之间可以以花桥国际商务城为桥梁，实现各种要素的交融和延展，真正做到"无缝接轨"。本文利用 SWOT 分析方法，从优势、劣势、机遇和挑战四个方面，对花桥国际商务城融入上海"两个中心"建设的条件进行了分析。

（一）优势

1. 综合交通优势

花桥国际商务城目前已具备"三铁"、"三高"、"三港"条件的大交通体系，实现与上海的"1030"时空效应，也就是说在商务城的任何一点，10 分钟之内可以到达城铁、轻轨站或高速公路互通，30 分钟之内可以到达上海市中心。"三铁"：上海轨道交通 R11 号线商务城延伸段将于 2012 年建成通车；设有花桥站的沪宁城际铁路和设有昆山站的京沪高速铁路已通车。"三高"：沪宁高速公路、同三高速公路在此交汇，并有互通出入，苏沪高速公路机场路互通可从东、南、北三个方向为商务城提供便捷的交通服务。"三港"：花桥国际商务城距离虹桥枢纽港仅 20 公里，距离浦东航空港仅 80 公里、距离上海港仅 40 公里。凭借大量的城市间快速交通工具的汇聚和换乘，使得商务城具有接受上海快速辐射，形成上海商务副中心的天然优势。

2. 比较成本优势

近年来，随着上海地价、房价和劳动力等成本的快速提升，部分企业已开始将区域总部或部分运营功能向上海周边地区布局或外迁。虽然与上海近在咫尺，但和上海相比，花桥国际商务城的成本优势十分突出，目前相关成本仅为上海的 1/5，甚至 1/10。依托比较成本优势，花桥国际商务城可以更好地参与上海产业分工和合作，承接上海商务外溢，有利于上海腾出发展空间，推动产业升级。

3. 产业配套优势

早在 2005 年，花桥国际商务城就聘请美国麦肯锡公司进行商务策划，基于对国际产业发展趋势、长三角区域产业分工和商务城资源禀赋特征等多方面的研究，将商务城的产业定位为国内外企业的区域性总部、金融机构的后台处理中心、业务流程的外移外包和商贸物流。可以说，花桥国际商务城就为是配套上海量身定制的服务业专业园区。五年来，花桥国际商务城累计引进各类现代服务业项目 600 多个，总投资超 600 亿元，基本形成了服务外包、总部经济、现代物流和商贸服务四大产业集群，不仅在发展现代服务业方面积累了比较丰富的经验，也为更深层次地融入上海、配套上海、服务上海奠定了良好基础。

4. 先发载体优势

五年来，花桥国际商务城高标准建设服务外包区、企业总部区和海峡两岸（昆山）商贸合作区三大产业载体，构筑了比较完善的基础设施体系，比如双电源双回路电力设施、高容量国际专线的电讯设施、高可靠性的供水供气设施等，为产业发展提供了良好的信息服务和硬件支撑。构筑了宜居宜业的生活功能体系，一批商业购物、酒店居住、运动健身、休闲娱乐等项目先后投运，逐步形成了高品质的生活功能环境。构筑了绿色低碳的城市生态体系，是国内第一个发布低碳园区建设白皮书的开发区，建成一批三星级生态办公项目，一批二星级生态居住项目，一批碳汇景观和特色公园，形成了有别于大都市风貌的生态办公环境。

（二）劣势

1. 行政能级不够

花桥国际商务城虽然是省级开发区，但很多机构仍是"镇"的架构，难以形成与上海有关园区乃至高层进行平等对话和合作交流的有效机制。与国内同类型园区在同一层次上竞争的政策和资源整合能力也显不足。

2. 国际化水平低

花桥国际商务城一直努力打造的符合国际惯例的服务体系，诚实守信、公开透明、专业高效、接轨国际的管理服务环境尚未完全形成，参与上海"两个中心"产业分工与合作，承接国际资本转移的主动性、敏感性和能力还显不足。

3. 人才层次瓶颈

近年来花桥国际商务城在人才工作上进行了许多有益探索，也初步形成了颇具优势的人才环境。但受产业层次所限，创新创业领军人才和高层次人才还不多。同时，由于城市功能等尚不完善，引进高层次紧缺人才的难度较大，培训的人才虽多，但留住的人才较少，制约商务城向

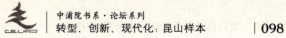

更高层次发展。

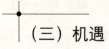

（三）机遇

1. 上海"两个中心"建设为花桥国际商务城发展带来机遇

从国际金融中心的布局特征来看，金融后台业务往往设在金融中心周边 100 公里区域范围内，如纽约的金融后台设在新泽西，伦敦的金融后台设在都柏林。自近代以来，上海就一直是国内金融产业集聚度最高的城市之一，花桥国际商务城将金融 BPO 定位为主导产业之一，正是出于"充分利用临近上海的区位优势，积极承接上海金融业务外溢"的考虑。如今，上海建设国际金融中心，就必须吸引更多国内外知名的金融机构入驻，大力开展金融市场拓展、金融业务创新等前台业务，而这也必将对花桥国际商务城进一步吸引金融服务企业，壮大金融后台产业，完善金融服务和金融外包产业链产生积极的影响。上海国际航运中心的建设，也将大大推动花桥国际商务城商贸服务业和现代物流业的发展。花桥国际商务城还可以充分利用上海发达的航运业，加强与上海物流园区、物流基地和产业基地信息平台对接，着力吸引物流企业的分拨配送中心。

2. 虹桥交通枢纽建设为花桥国际商务城放大与上海的同城效应带来机遇

正在建设中的虹桥交通枢纽，综合功能非常强大，枢纽建成后将成为中国乃至世界上最大的现代化综合交通枢纽港，预计日均客流量将达到 110 万—140 万人次。花桥国际商务城距离虹桥交通枢纽仅 20 公里，在当下交通工具非常发达的时代，可以说是近在咫尺。因此，一方面，花桥国际商务城可以将其作为投资环境的有机组成部分，利用虹桥综合交通枢纽带来的强大的人流、物流、资金流、信息流，在吸引高端人才、提升城市功能、完善产业布局等方面主动对接、接受辐射。另一方面，沪宁城铁、京沪高铁的运营，上海轨道交通 11 号线向花桥国际商务城的延伸，也将更进一步强化商务城与虹桥交通枢纽的联系，加速商务城融入上海"两个中心"步伐，为商务城现代服务业的发展带来新的机遇。

3. 上海政策、体制创新为花桥国际商务城优化产业环境带来机遇

国务院在《意见》中明确要求，上海在建设"两个中心"的过程中"要为现代服务业和先进制造业发展营造良好的体制环境，处理好先行先试与制度规范的关系"，"要通过创新和探索，加快与国际惯例接轨，为全国性的制度规范奠定实践基础，发挥示范作用"。花桥国际商务城作为与上海产业关联度最紧密、接受上海辐射最直接的地区之一，可以推出"上海两个中心"配套区、上海商务副中心等概念，积极争取国家更多创新政策试点，优化产业发展环境。

（四）挑战

1. 发展的高目标与支撑能力的挑战

花桥国际商务城虽然是省级开发区，但还是一个镇的事权财权，与商务城建设国际有影响、国内称一流的国际大都市卫星商务城的目标要求相比，在行政能级、金融服务、政策空间、人才支撑等方面的瓶颈制约严重，必须大力创新制度设计和推进政策突破，特别是要积极争取国家和省级层面在行政许可事项、社会管理、人才制度、金融功能等方面要赋予商务城更多权限，允许商务城采取更灵活、更有效的改革措施；同时，积极推进海关、商检、税务等部门职能向商务城移植，港口、保税等功能向商务城延伸，进一步提升商务城的制度保障和服务支撑能力。

2. 发展空间与发展要求的挑战

过去五年，花桥国际商务城通过大开发、大建设、大招商，基本形成了商务城市的雏形和现代服务业产业体系，但原有的土地资源已基本用尽。"十二五"时期，花桥国际商务城要建设成为拥有 30 万人口、1000 万平方米商务建筑面积、1000 亿服务业产能规模的现代化商务城市，必须大力引进大项目，集聚国际化高端人才，能否在空间上满足大企业、大项目的发展要求，营造国际化、现代化的城市功能，需要在更大范围内通盘考虑并及早破解。

3. 发展速度与产出周期的挑战

一方面，支撑花桥国际商务城过去五年快速发展的宏观环境和内在条件出现新的变化，人才、资源等约束日益凸显，商务城的发展模式需要从规模扩张型向效益增长型转变，需要有所为有所不为，需要推进新一轮的改革创新和转型提升，个中关系如果处理不当，可能会使发展放慢，甚至丧失先发优势。另一方面，发展现代服务业，投入大、产出周期长，目前落户商务城的大批项目估计要到 2013 年开始批量产出，2015 年前后才能实现较大产出。在当前国内外经济金融不确定因素增多、银根趋紧的环境下，商务城发展面临巨大的资金压力，需要通过不断强化融资和资产经营、资本运作能力积极加以破解。

4. 服务业发展同质化竞争的挑战

上海"两个中心"建设以来，上海周边各地都提出接轨上海的思路，纷纷推出方案和举措，都想从中分得一杯羹。随着上海周边地区基础设施大建设和交通条件的网络化，各地都加大了现代服务业招商力度，八仙过海，各显神通，纷纷在服务外包、现代物流、区域总部、旅游、教育等方面创造条件承接上海的产业外溢。花桥国际商务城正面临上海周边城市现代服务业产业竞争白热化和产业同质化带来的巨大挑战。如杭州利用自身在软件信息业和金融服务业上的明显优势，主攻金融服务外包，提出做上海的金融后台，打造国际金融服务外包交付中心的概念。这些势必会分流上海金融后台业务，使商务城现代服务业招商引资难度显著增大。

　　综上所述，我们认为，花桥国际商务城接轨上海"两个中心"建设有挑战，但机遇大于挑战，关键在于商务城要善抓机遇、主动对接，摆正和把握好与上海的关系和定位，并且扎实出台一些行之有效的措施，使得卫星商务城的功能和效应得到上海的认可和欢迎，那么，上海"两个中心"的形成之日，就是商务城建成之时。花桥国际商务城因为上海"两个中心"的定位而幸运。

三、花桥国际商务城融入上海"两个中心"发展的策略

　　上海发展得越好，我们的机遇就越多，这已经是被历史所证明的真理。纵观目前的经济形势，上海"两个中心"总体上是给上海周边地区发展现代服务业带来了新的宝贵机遇，当然也有挑战，问题是如何借势上海、配套上海，如何抢抓机遇、善抓机遇。

（一）更加注重配套发展战略性服务产业

　　在上海加快"两个中心"建设的背景下，花桥国际商务城在发展服务业主导产业时应科学规划，着力形成有所区别、互有侧重、梯度展开、合作配套的战略性服务业发展格局，做好上海的卫星商务城这篇大文章，逐步建立起自己的产业体系。

1. 服务外包方面

　　"金融上海、后台花桥"既是概念，又是目标。花桥国际商务城应该更加主动地接受"上海国际金融中心"的辐射，重点发展金融业的衍

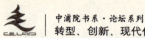
生业务、后台业务。一方面，在目前引进的数据处理、容灾备份等金融服务外包中低端业态的基础上，逐步向金融服务外包产业价值链的高端环节延伸，大力引进一批金融信息分析中心、金融研发中心、金融创新中心乃至金融机构后台总部等项目，以逐步打造商务城良好的金融生态环境。另一方面，要充分利用政府资源，使用杠杆原理来撬动金融产业发展，结合花桥国际商务城产业发展特性，创新独特的金融发展模式，发展科技金融、私募和风投等金融业务。此外，要积极引进金融后台细分功能。虽然目前部分国内外大型金融机构后台已基本完成布点，但仍有引进细分功能的机会，如汇丰银行，其在广州、上海都有后台基地，但通过佛山方面的努力，汇丰国际金融总部的结算中心于 2006 年落户佛山。因此，花桥国际商务城要主动对花旗、渣打、东亚、汇丰等国际大型金融机构在中国的后台总部进行深入研究，寻找引进细分功能的机会。

2. 总部经济方面

有资料显示，自 2002 年以来，几乎每个月就有一家跨国公司将其区域总部迁至上海，"总部经济"正成为上海经济发展的"发动机"。花桥国际商务城主要引进区域性企业总部，这方面已经有了良好的开端，接下来要发挥商务城综合优势，重点引进制造型企业的区域性或辅助性研发销售总部，把周边区域制造业的高端部分吸引过来，形成一个集聚中心。二是做上海金融企业互动互补的后台处理中心，让这些金融机构的窗口营业在上海，后台服务中心如票据、客户服务、财务等大量后台的业务放在商务城。

3. 现代物流方面

上海建设国际航运中心，给花桥国际商务城发展现代物流产业带来了前所未有的良好机遇。花桥国际商务城应该主动参与物流产业分工，侧重于做优商品的分拨配送，着力发展第三方、第四方高端物流。一是积极培育物流主体。要针对不断增长的物流需求，积极吸引国内外物流企业特别是总部型物流企业落户；支持物流企业开展业务流程、服务模式、应用技术集成创新，进一步扩大物流市场规模、提升物流服务水平；形成一批服务水平高、国际竞争力强的物流骨干企业。二是提高物流信息技术应用水平。充分利用信息化建设成果，建立以公共信息交换系统为核心，具有供应链管理、业务协同和专业化服务等功能的现代物流公共信息服务平台；不断提高企业物流管理信息化水平，促进先进物流信息系统和装备设施的广泛应用。

4. 对台商贸方面

从国际产业发展经验来看，没有贸易中心就没有航运中心，没有航运中心就没有金融中心，这三个中心是融合在一起的，上海规划建设虹桥商务区就是基于这个考虑。花桥国际商务城可以充分发挥昆山及长三角地区台资密集的产业优势，自身优越的区位交通和成本环境等优势，积极利用上海"两个中心"的服务和功能，大力发展"涉台"商贸，把海峡两岸（昆山）商贸合作区建设成为台湾商品进入大陆的"第一平台"、台资企业产品在长三角的重要集散地和 ECFA 框架下两岸经贸合作的先行先试区，同时，通过大量物流、资金流的融通反作用于上海"两个中心"建设。

（二）更加注重提升特色环境功能

1. 打造优美舒适的生态环境系统

上海作为一个国际都市，最吸引人的地方是其完善的城市功能，而花桥国际商务城在这方面有其先天不足，要融入上海"两个中心"建设，就必须另辟蹊径，在强化产业配套的同时，打造出优于上海的生态环境。商务城一直坚持"生态立区"理念，已经规划了覆盖全区的绿色生态景观系统，建设了桥苑、中央公园等众多公共生态绿地。商务城绿化覆盖率已超过 40%，绿化面积也正以每年 100 万平方米左右的速度增加。预计到 2012 年底，商务城绿化面积达 1400 万平方米，建成区绿化覆盖率达到 50% 以上。

下一步，花桥国际商务城应进一步凸显生态特色，加快推进几项重点工程，一是推进"一带二脉四园"（即吴淞江滨水景观带，徐公河与鸡鸣塘城市蓝脉，及运动城公园、先导区中心公园、A11 互通门户公园、北部休闲公园等四大公园）建设；二是坚持将低碳理念导入商务城未来城市发展规划，启动绿色能源规划，大力发展低碳建设和低碳经济；三是以天福地区保护性开发规划为指导，充分发掘、传承商务城文化内涵和历史底蕴，打造特色鲜明、体现商务城历史和传统的原生态文化；四是以城市雕塑规划为指导，因地制宜精心设计城市雕塑、城市小品、主题公园、街头公园等文化景观和文化载体，形成彰显特色、集聚人气、凸显个性的现代化商务立体文化。

2. 打造商务城"成本洼地"

根据"盆地效应"理论，在大致相同的区位，哪里的商务成本最低，投资就往哪里去。而"商务成本悖论"又告诉我们，一方面，经济发展必然会导致商务成本提高；另一方面，经济发展又要求商务成本降低，这是经济发展空间的要求。当前，上海就面临着这样的难题，作为一个国际大都市，随着人口的剧增，土地资源的日益匮乏，上海的商务成本正不断攀升。

在这样的背景下，从区域位置上看"不是上海，就在上海"的花桥国际商务城，打好"地处上海，不同上海"的成本牌显得更为重要。要通过各种手段有效控制企业的营运成本，员工的生活成本，与上海相比，花桥国际商务城要努力实现成本减半。一方面，要完善基础设施、功能设施、服务设施，严格控制社会生活成本；另一方面，要审时度势尽快优化商务城政策体系，切实保障商务城现代服务业专项引导资金运转良好，从一次性资金奖励、住房补贴、产业奖励等方面加大对产业发展的扶持，降低企业成本。最重要的一点，是要从土地的运作上有效降低商务成本，一是要在国家大政策允许的范围内，加大调控力度，合理控制土地批租价格；二是要继续突出"白地"概念，在满足产业发展需求的基础上，预留出足够的优质土地资源，营造供略大于求的市场基本均衡态，以防止地价过快上涨。

3. 打造高效的行政服务平台

"服务和效率"是曾经昆山的两块金字招牌，在制造业招商的过程中，昆山服务和昆山效率成了众多企业、客商落户昆山的最重要的原因。发展现代服务业，应该更好地打"服务"牌、"效率"牌，最主要的是要建立起扁平化管理机制，通过减少中间层次、缩短管理过程、增大管理幅度等方面提升服务水平，提高服务效率。一是要树立服务是第一投资环境的理念，按照现代服务业企业和人才的需要，建立并完善与投资商的定期约见制度、经常性沟通制度、重大项目协调制度、招商规建双向服务制度，提高服务的针对性和有效性。二是要推进行政管理体制改革，构建诚实守信、公开透明、专业高效、接轨国际的管理服务体系。

（三）更加注重推进全面接轨上海

花桥国际商务城要融入上海"两个中心"建设，必须注重同上海的对接，包括城市建设对接，产业发展对接和人才、技术、市场等生产和创新要素对接，以及发展理念、体制机制、政策措施对接等。商务城同上海对接的意义不仅仅在于商务城本身，更多的是构建江苏无缝对接上海、长三角一体化发展的一种试水，也是一种示范。要以建设海峡两岸（昆山）商贸合作区为契机，全力争取成为两岸经济合作框架协议（ECFA）的试点区域，构建两岸金融合作平台，努力成为台资金融机构密集区及其大陆总部基地。这对于上海"两个中心"建设都是有益的补充和有力的配套。要力争在下一轮《长江三角洲地区改革发展规划纲要》编制中，明确商务城在金融外包等现代服务业发展战略中的地位，力争使商务城成为国家产业和服务创新的试点基地。要加强与上海的交流合作，通过政府高层、金融行业协会、企业等多种途径加强与上海方面的联系，争取将花桥国际商务城纳入其"两个中心"建设体系中，成为上海国际大都市名副其实的卫星商务城。

长三角地区公共服务与经济增长的实证研究

丁菊红

（中国浦东干部学院教研部副教授、博士）

一、引 言

近年来，随着经济全球化和区域经济一体化的深入发展，以长三角地区为代表的区域经济增长势头迅猛，市场不断融合。据统计，长三角已成为我国经济发展最重要的地区之一，[①] 并逐步呈现出世界第六大城市圈的趋势。但长期以来，由于自然资源、文化传统、历史等方面的原因，长三角地区在社会经济发展水平上仍存在一定差异，尤其是经济发展的不平衡导致公共服务上也出现差异。2008 年出台了《国务院关于进一步推进长江三角洲地区改革开放和经济社会发展的指导意见》，从中央层面以文件的形式对该地区的发展提出了清晰的规划，其中除明确指出到 2012 年"产业结构进一步优化"外，还提出"公共服务能力要

[①] 其土地面约占全国的 2.2%，人口占全国的 10.6%，所创造的 GDP 则超过全国的 20%。并且，长三角地区有 10 个城市进入全国经济实力前 30 名；全国百强县中，长三角地区占据一半。此外，世界 500 强企业中，已有 400 多家在长三角地区落户。

进一步加强"，由此可见，公共服务[1]正逐渐受到重视，而这也成为长三角地区发展所面临的新机遇和新挑战。

本文从财政分权的视角出发，对长三角地区的公共服务、政府竞争与经济增长进行实证检验，力图从深层次上解释该地区存在的公共服务供给不足、地区发展不平衡等问题；并在此基础上提出政策建议。本文的研究，有利于明确今后长三角地区改革和发展的重点，建立符合该地区发展阶段的公共服务协调机制。

以下分成三个部分，第二部分为文献综述，第三部分为长三角地区公共服务与经济均衡发展的内在机理分析，第四部分为长三角地区公共服务、政府竞争和经济增长的实证研究，最后是结论和政策建议。

二、文献综述

（一）基于分权视角的公共服务与经济增长关系研究

国外对公共服务的规范研究始于萨缪尔森（1954）[2]，他用数学表达式精确地阐述了公共品供给效率条件，即：边际替代率之和等于边际转换率。后来，戴蒙德和米尔利斯（Diamond and Mirrlees, 1971）[3]，以及斯蒂格利茨和达斯古帕塔（Stiglitz and Dasgupta, 1971）[4]放松了这一假

---

①　本文中的"公共服务"指软性公共品，即科教文卫等一般由政府供给的项目。

②　See Samuelson, Paul A., "The Pure Theory of Public Expenditure", *The review of Economic and Statistics*, 1954, 36, 4,387-389.

③　See Diamond, P. A. and Mirrlees, J. A. "Optimal Taxation and Public Production", *American Economics Revies*, 1971, 61, 1, 8-27; 3, 261-178.

④　See Stiglitz, J. E. and Dasgupta, P. "Differential Taxation, Public Goods and Economic Efficiency", *Review of Economic Studies*, 1971, 38, 2, 151-174.

定，将效率条件与收入分配联系起来，发现公共品供给可能会发生变化。阿特金森和斯特恩（Atkinson and Stern，1974）[1] 在其研究基础上，又进一步扩展了公共品供给条件，认为扭曲性税收会改变最优供给决策。但这些早期研究，均是将公共品放在市场条件下单独考虑，少有与其他经济变量联系起来的互动研究。

随着实践的发展，传统公共品理论已无法适应现实需求，更不能解释诸多已存在的公共服务实践。正因如此，财政分权理论[2] 应运而生，为公共品这一古老难题带来新解释源泉。从第一代传统的财政分权（TOM 模型[3]）理论到第二代——更多地从制度、激励、协调等角度来考察实际绩效——财政分权理论[4]，都无不强调了财政分权这一关键因素在公共服务中的重要地位，同时，也将公共服务与其他经济变量，如经济增长、政府治理等纳入研究范围。如爱普和泽勒尼特兹（Epple and Zelenitz，1981）[5]，英曼和鲁宾菲尔德（Inman and Rubinfeld，1979）[6] 的研究发现，政府间竞争只能限制并不能消除公共品及其服务供给的低效率现象。肯和马钱德（Keen and Marchand，1997）[7] 则指出，在资本可

---

[1]　See Atkinson, A. B. and N. Stern, "Pigou, Taxation and Public Goods", *Review of Economic Studies*, 1974, 41, 119-128.

[2]　分权的思想最早见于哈耶克（Hayek，1945），他从信息的角度出发，认为地方政府和消费者对地方的情况比中央政府更具有信息，因而他们可以作出更好的决策，实行分权可以克服信息传导中流失的缺陷，从而具有较强的激励效果。

[3]　鉴于梯布（1956）、奥茨（1972）和马斯格鲁夫（1959）等人在这一理论上的先驱性贡献，传统财政分权理论也被称为 TOM 模型。

[4]　随着信息经济学以及合约理论的兴起，学者们开始从非对称信息出发，强调激励相容和机制设计，在此基础上形成了第二代财政分权理论。代表人物有钱颖一和温盖斯特（Qian and Weingast）等。

[5]　See Epple, Dennis and Allan Zelenitz, "The Implications of Competition among Jurisdictions: Does Tiebout Need Politics?", *Journal of Political Economy*, 1981, 89, 6, 1197-1217.

[6]　See Inman, Robert P. and Daniel L. Rubinfeld, "The Judicial Pursuit of Local Fiscal Equity", *Harvard Law Review*, 1979, 92, 8, 1662-1750.

[7]　See Keen, M. and M. Marchand, "Fiscal Competion and the Pattern of Public Spending", *Journal of Public Economics*, 1997, 66, 33-53.

自由流动的条件下，财政分权使地方政府间相互竞争，但在缺乏协调机制的情况下，可能会导致公共支出结构上的系统性"偏差"，从而使地方公共品供给过度或不足。普多姆（Prud' homme, 1995）[1] 也发现，作为实施主体的政府可能存在寻租等行为，分权对经济有负面影响，因为寻租可能在高强度激励下更易发生或更为严重。Demurger（2001）[2] 认为，分权后地方政府把过多资金作生产性投资而忽视了公共品供给，从而导致区域经济发展不平衡。

（二）公共服务与经济增长的实证研究

此外，还有大量从实证角度对公共服务与经济增长关系进行的研究。Barro（1991）[3] 在区分不同类别财政支出的基础上，对 98 个国家 1960—1985 年间的人均 GDP 增长率进行回归分析，认为公共消费对人均 GDP 产生显著的负面影响，而公共投资对人均 GDP 有正影响，但统计上不显著，也即影响生产的公共支出会促使经济实现持续增长。Keen and Marchand（1997）[4] 也认为经验研究表明公共基础设施与私人资本确实存在互补性。Devarajan, Swaroop and Zou（1996）[5] 通过对 43 个发展中国家近 20 年的统计分析得出结论，政府生产性支出占比对经

---

① See Prud' homme, R., "On the Dangers of Decentralization", *Policy Research Working Paper*, The World Bank, 1994, 1252.

② See Démurger Sylvie (2001), "Infrastructure Development and Economic Growth: An Explanation for Regional Disparities in China?", *Journal of Comparative Economics*, Vol.29, pp.95-117.

③ See Barro, R, "Economic Growth in a Cross Section of Countries", *Journal of Political Economy*, 1991, (2): 407-443.

④ See Keen, M. and M. Marchand, "Fiscal Completion and the Pattern of Public Spending", *Journal of Public Economics*, 1997, 66, 33-53.

⑤ See Devarajan V, Swaroop, H Zou, "The Composition of Public Expenditure and Economic Growth", *Journal of Monetary Economics*, 1996, (37): 313-344.

济增长有副作用，而非生产性支出占比对与经济增长有促进作用。

除了国外的相关研究，近年来对我国转型经济中两者关系的研究也层出不穷。庄子银和邹薇（2003）[①] 对我国公共支出与经济增长展开了时间序列和横截面的经验分析，认为公共支出存在大量"调整成本"，其上升给经济增长带来负面影响。张明喜（2006）[②] 利用 1995—2004 年分省数据，运用聚类分析方法研究了地方财政支出结构与经济发展的关系，认为财政支出总体上没有缩小经济差距，在中部地区尤其如此，而地方科教文卫和社会保障支出比重的提升有利于缩小经济差距。刘寒波、王贞、刘婷婷（2007）[③] 在不考虑本地交易成本的前提下，运用空间分析方法，研究两对称区域政府公共服务供给对要素流动、聚集的影响，发现缩小经济差距，需要吸引稀有生产要素流入，重视本地区公共服务供给，且不仅注重数量，更要注重质量。

然而，现有文献中还鲜有对长三角地区的公共服务与经济增长关系的研究。如，巫强（2006）[④] 实证研究了 1979 到 2004 年长三角地区经济增长与投资、人力资本等因素之间的关系，结果表明，教育和医疗卫生对经济推动作用显著为正；任远（2009）[⑤] 对长三角地区人口进行研究后发现，应该根据本地特点对人口服务进行率先转变，推进人口管理和相关政策的区域整合。这些都是公共服务体系建设的重要组成部分。在对长三角地区的其他一些研究中，也偶有涉及公共服务领域，比如在对

---

① 参见庄子银、邹薇：《公共支出能否促进经济增长》，《管理世界》2003 年第 7 期。

② 参见张明喜：《我国地方财政支出对区域差距的影响》，《税务与经济》2007 年第 2 期。

③ 参见刘寒波、王贞、刘婷婷：《地区公共服务供给对区域间要素流动的影响》，《系统工程》2007 年第 9 期。

④ 参见巫强：《长三角经济增长与人力资本关系的实证研究——兼评长三角地区"经济增长粗放论"》，《现代经济探讨》2006 年第 12 期。

⑤ 参见任远：《长三角地区人口发展的基本背景和特殊性的问题》，《社会科学》2009 年第 1 期。

长三角地区政府合作协调机制的研究中，吴先华和郭际（2006）[①] 就发现需要构建共同利益机制和区域性公共服务体系；金太军（2009）[②] 也提出长三角政府间存在公共服务领域合作不足现象，从而制约了其一体化进程。还有些研究从公共服务均等化这一角度出发，如唐亚林（2008）[③] 就提出了要推进长三角地区公共服务均等化，以全面促进区域经济可持续发展。

可见，迄今为止对长三角地区公共服务与经济增长的实证研究还十分欠缺，即使有些针对公共服务体系的零星研究，也忽视了财政分权这一重要的制度背景，更没有对该地区公共服务与经济发展互动关系进行深入研究，更缺乏相关协调机制设计的探讨。

三、长三角地区公共服务与经济增长的内在机理分析

公共服务与经济增长之间存在紧密关系，需要地方政府进行有利协调，以促进平衡发展。然而，现有文献中却鲜有该领域研究。这一方面是因为，对于长三角地区而言，现在各方关注的重点还是经济发展，公共服务显得较为次要；另一方面则可能是相关资料的缺乏，难以对公共服务进行准确测度，从而阻碍了对此进行深度研究。

长期以来，在财政分权的体制下，我国各地方政府的积极性虽被调动起来，但大多以追求 GDP 和财政收入为主要目标，出于自身利益的

①　参见吴柏均：《长三角经济一体化的基础和动力：理论解释和政策建议》，《华东理工大学学报（社会科学版）》2008 年第 1 期。

②　参见金太军、张开平：《论长三角一体化进程中区域合作协调机制的构建》，《晋阳学刊》2009 年第 4 期。

③　参见唐亚林：《推进长三角公共服务均等化的理论思考》，《学术界》2008 年第 1 期。

考虑，地方政府倾向于对本地企业采取保护，如阻止资源流出，限制外地商品进入本地等，容易造成市场分割、恶性竞争，严重干扰和制约了区域内企业间正常的市场运作，形成所谓的"诸侯经济"格局。1994年实行分税制改革后，中央政府财权得到了进一步加强，而事权的划分却仍然停留在原有基础上，没有多少进展，反而以制度化的形式巩固并强化了地方政府承担分级的公共服务供给模式，形成了所谓"上下同构"的局面。

考虑到公共服务有其特殊性，需要地方政府的责任观念进一步增强。但由于在扩大地方政府自主权限的同时，并没有涉及地方均衡发展的问题。这样一来，就容易造成地区间不平等的加剧，反映到公共服务领域，也同样存在这种趋势，即：地方政府在公共服务上的财政投入，既受到区域经济发展整体的影响，有"水涨船高"的趋势；但又要考虑到自身的地区利益，以及公共服务外部性的影响，有降低公共服务供给的可能。因此，两者叠加起来的效应就会变得较为模糊。这也导致了区域公共服务协调远比单个地区公共服务供给要复杂得多，它与区域经济均衡发展及其一体化有着密切联系。公共服务可以为区域一体化或均衡发展提供良好的社会环境；同时，区域经济的均衡发展也有利于促进公共服务量的增加和质的提高，并促使其尽早实现一体化，从而达到整个区域的均衡发展。

当然，公共服务供给与经济均衡发展之间的矛盾，其根本原因还在于居民、企业和政府三者权利与利益的差别，深层次原因则是公共服务的生产与供给呈现地域化特点，即"属地化"特征：不同地区的政府是受益范围不同的公共服务生产者或供给者，而不同地区的经济发展程度则直接制约了当地供给公共服务的数量及质量。因此，区域内各地经济发展水平差异，无疑会极大地影响并制约着区域公共服务的推进。与此同时，区域经济的发展又需要公共服务的支持。如果忽视了公共服务，就会在公共领域出现"失灵"局面，阻碍区域经济均衡发展及其一体化的深入展开。因此，地方政府在对待公共服务和经济发展的态度上也经常处于两难,既不能厚此薄彼,又难以做到两头兼顾,除非该地经济发展已经到达较高水平,有充足的财政对公共服务进行融资。

换言之,在经济高速发展的局面下,长三角地区公共服务领域的问题日益成为社会经济发展的瓶颈。尤其是在财政分权和区域行政的管理模式下,各地方政府提供有效公共服务的激励并不强,特别是在一些有利于各地区经济社会发展的跨区域公共服务项目上,地方政府都不愿付出成本,加上中央和地方政府间的信息不对称,财力难以保证,中央在协调供给公共服务上效果不佳,从而使得这一领域的公共服务处于失衡状态。总而言之,财政分权体制下,区域公共服务与经济发展之间的关系较为模糊,值得深究,需要从实际情况出发,剖析其发展趋势,找到其中症结所在,并为今后发展设计机制方案。

四、长三角地区公共服务供给、政府竞争与经济增长的实证检验

(一)研究假设和数据说明

为更加深入地剖析长三角地区公共服务与经济均衡发展的关系,我们构建经济均衡发展与公共服务及其财政投入的衡量指标,并对它们之间的内生关系和影响因素等进行实证研究。根据前文的理论分析,提出以下假设:

假设一,公共服务供给的增加,在初期可能会扩大经济差距,但之后有利于缩小经济差距,公共服务与经济差距呈现倒 U 型关系;

假设二,经济增长有利于公共服务供给数量及其质量的提高;

　　假设三，地方政府间的竞争不利于公共服务供给。根据经济增长及公共服务相关理论和已有实证，我们建立以下方程：

$$DG_t = \alpha_0 + \alpha_1 FE_t + \alpha_2 FE_t^2 + \alpha_3 FIXA_t + \alpha_4 PD_{tt} + \varepsilon_t \quad (1)$$

$$EDU_t = \beta_0 + \beta_1 G_t + \beta_2 COMPT_t + \beta_3 OWN_t + \beta_4 PD + \mu_t \quad (2)$$

$$HTH_t = \gamma_0 + \gamma_1 G_t + \gamma_2 COMPT_t + \gamma_3 OWN_t + \gamma_4 PD + \varphi_t \quad (3)$$

　　式（1）和式（2）分别检验假设一与假设二。式（1）中 DG_t 是被解释变量，代表地区经济差距，用各个城市与长三角地区人均 GDP 增长率的差额表示，解释变量为 FE_t，用人均科教财政支出表示。式（2）和式（3）中的被解释变量为 EDU_t 和 HTH_t，分别代表教育和卫生这两项公共服务，其中教育用师生比率指标，反映了教育公共服务的质量；而卫生则用医院、卫生所的床位数指标，反映了医疗公共服务，① 这两式中的解释变量为 G_t 和 $COMP_t$，分别代表人均 GDP 和地方政府的财政竞争程度，后者用人均外商投资额来表示，具有一定说服力。此外，为了保证研究的稳健性与科学性，我们还在回归中加入了几个常见的控制变量：$FIXA_t$ 为固定资产投资，PD_t 为平均人口密度，OWN_t 为财政自给率，以期控制住部分地方财政的差异。

　　各变量的详细定义参见表1，下标 t 表示时期，α_0—α_4、β_1—β_4 和 γ_0—γ_4 代表回归系数，ε_t、μ_t 和 φ_t 均表示回归的残差项。除了一些比例变量外，其余变量均取对数值，以缓和异方差和偏态性。由于样本时间序列较短，我们未剔除价格变化的影响。

　　由此，根据前面的推断，假设一要求 α_1 为正且统计显著，α_2 为负且统计显著；假设二则要求 β_1 为负且统计显著，γ_1 为正且统计显著；命题三要求 β_2 为正且统计显著，γ_2 为负且统计显著。

---

　　① 这两个指标既包含了对公共服务数量的考察，也反映出公共服务的效率或质量。

表1　变量说明

变　量	说　明
DG_t	地区经济差距指标，等于各个城市与长三角地区人均 GDP 增长率的差额
G_t	经济增长指标，等于人均 GDP 的对数值
FE_t	公共服务支出指标，等于人均科教财政支出的对数值
EDU_t	教育公共服务供给指标，等于中小学学生和专任教师比的对数值
HTH_t	健康卫生公共服务供给指标，等于医院、卫生院床位数的对数值
$COMP_t$	地方政府竞争程度指标，等于人均外商投资额的对数值
OWN_t	财政自给率指标，等于财政收入 / 财政支出
$FIXA_t$	投资增长率指标，等于地区人均固定资产投资额的对数值
PD_t	人力资本数量指标，等于地区平均人口密度

　　本文选取了长三角地区 16 个城市为样本，考虑到 1994 年的分税制改革，以及之后对财政体制的一系列调整，我们选择了进入 21 世纪后较为稳定的一段时期，即样本的起止时间为 2000 年到 2008 年，共 144 个数据，其中由于经济增长率指标需减去一年的样本，因此，在对式（1）进行实证时，共有 128 个数据，其他实证有 144 个数据。全部数据来源于《中国城市统计年鉴》和国研网党政版区域经济数据库。

　　此外，还对所有数据进行了面板数据的单位根检验，结果表明变量均在 5% 显著水平上拒绝了单位根假设，说明它们是平稳的[①]。表 2 给出了各变量的描述性统计数据，从均值和标准差来看，人均经济增长率的差距在样本间波动较小，人均 GDP 对数值的均值为 10.466，标准差是 0.438，说明样本期间长三角地区人均经济 GDP 比较高；而教育和卫

---

　　① 变量均是比率变量，这保证了变量的平稳性。我们使用的平稳性检验包括：(1) Levin-Lin-Chu 统计量，(2) Im-Peranran-Shin LM 统计量，限于篇幅，此处略去检验结果。实际上，对于时间序列小而截面大的数据，单位根检验并非很有必要 (Baltagi, 2008)

生这两项公共服务指标的均值都不高，说明样本期间长三角地区公共服务供给数量和质量依然偏低。

表2　变量的描述性统计

变　量	均　值	标准差	最小值	最大值	中位数
DG_t	0.008	0.094	−0.232	0.309	0.004
G_t	10.466	0.438	9.368	11.499	10.466
FE_t	6.099	0.574	4.876	7.978	5.997
EDU_t	2.870	0.128	2.589	3.188	2.877
HTH_t	8.797	0.934	7.508	11.429	8.512
$COMP_t$	5.518	1.049	2.593	7.246	5.770
OWN_t	0.900	0.133	0.490	1.245	0.908
$FIXA_t$	9.672	0.675	7.804	10.796	9.738
PD_t	7.153	0.431	6.506	8.194	7.114

（二）实证结果及分析

在对面板数据模型进行实证检验时，根据具体数据情况，应最大限度地利用面板数据的优点，尽量减少估计误差，可选用混合最小二乘法（POLS）、固定效应估计法（FE）和随机效应估计法（RE）等。首先，对式（1）进行了静态面板回归，结果见表3。与多数研究类似，我们根据 Hausman 检验的结果来判断是采用固定效应还是随机效应模型：如果判定结果为 RE 模型，则使用 BPLM 检验去比较 POLS 和 RE 模型的适用性；如果判定结果为 FE 模型，则使用 F 检验决定选用混合模型还是固定效应模型。根据这些检验，发现 Hausman 检验基本支持选择 RE 模型，BPLM 检验也基本支持 RE 模型。

表3   人均公共服务支出与经济差距的面板回归结果

解释变量和控制变量	被解释变量：DG	
	RE 模型（1）	RE 模型（2）
FE_t	0.504* （1.69）	0.431 （1.22）
FE_t^2	–0.040* （–1.71）	–0.035 （–1.28）
$FIXA_t$		0.007 （0.29）
PD_t		–0.101 （–0.42）
常数项	–1.571* （–1.65）	–1.322 （–1.21）
ad.R^2	0.2422	0.2431
Hausman 检验 p 值 （和 FE 比较）	0.8742	0.5913
BPLM 检验值 （和 POLS 比较）	0.1616	0.1822

注：(1) 括号内为 t 统计量。*，**，*** 分别表示 10%，5% 和 1% 水平上统计显著。(2) 样本数量为 128。

由表 4 可知，RE 模型（1）表明 FE_t 对 DG_t 在 10% 的水平上有显著正向影响，同时其二次项 FE_t^2 对 DG_t 在 10% 的水平上有显著负影响，即人均科教公共服务财政支出与人均经济增长率差距呈现出倒"U"型关系，因而检验结果基本支持了假设一。当控制变量 $FIXA_t$ 和 PD_t 进入方程后，RE 模型（2）的结果显示，FE_t 的系数符号不变，但显著性有所下降，说明控制变量有一定的干扰作用，但基本不影响研究假设。此外，控制变量的系数均不显著，且控制变量进入方程后，拟合优度指标 ad.R^2 并没有明显增加，这也说明了人均公共服务支出是影响经济差距的一个重要因素。

其次，对式（2）和式（3）进行了静态面板回归，步骤和前面一样，表 5 给出了回归结果。从表 4 中可知，G_t 对 EDU_t 在 1% 的水平上有显著负影响，即人均 GDP 的提高能够有效降低师生比例，提高教育公共服务质量，这时 Hausman 检验显示 p 值为 0.8215，F 检验为 0.0869，均表明支持使用固定效应模型。G_t 对 HTH_t 则在 1% 的水平上有显著正影响，即人均 GDP 的提高有利于医院床位数的增加，提高医疗卫生公共服务供给。这时的 Hausman 检验显示 p 值为 0.0000，BPLM 的检验为 0.0004，均表明支持使用随机效应模型。G_t 对这两方面公共服务的影响均证明了研究假设二成立。

而 $COMP_t$ 对 EDU_t 则在 1% 的水平上有显著正影响，即地方政府间的竞争会提高师生比例，降低教育质量；同时，$COMP_t$ 对 HTH_t 的影响虽不显著，但也呈现负相关关系，说明地方政府间竞争不利于床位数增加，对医疗公共服务不利，这两方面也都验证了假设三。此外，无论控制变量 OWN_t 和 PD_t 是否进入方程，G_t 和 $COMP_t$ 的系数及其显著性都没有变化，拟合优度 ad.R^2 也没有明显提高，固定和随机效应模型的选择上也基本不变。

表4　经济增长、地方政府竞争与公共服务供给的面板回归结果

解释变量与控制变量	被解释变量：EDU_t		被解释变量：HTH_t	
	RE（1）	RE（2）	FE（1）	FE（2）
G_t	−0.201*** （−5.95）	−0.218*** （−6.70）	2.172*** （7.00）	2.072*** （6.44）
$COMP_t$	0.030** （2.09）	0.022* （1.54）	−0.066 （0.66）	−0.116 （−1.04）
OWN_t		0.301*** （3.46）		0.310 （0.46）
PD_t		−0.061** （−2.58）		0.229 （1.18）
常数项	4.812*** （16.08）	5.190*** （15.76）	−13.573*** （−4.73）	−14.171 （−4.89）
ad.R^2	0.9535	0.8705	0.8654	0.8215
Hausman 检验 p 值 （和 FE 比较）	0.8215	0.2046	0.0000	0.0007
BPLM 检验值或与 POLS 比较的 F 检验值	0.0869	0.3722	0.0004	0.0079

注：(1) 括号内为 t 统计量。*, **, *** 分别表示 10%,5% 和 1% 水平上统计显著。(2) 样本数量为 144。

五、总结和建议

由此可见，本文的研究贡献在于，通过实证研究发现：长三角地区的经济增长有利于公共服务供给的增加，特别是基础建设类的公共品，但对关系到民生福利的公共服务，如教育、卫生等，则在地方政府间的相互竞争中被相对忽视，或者说牺牲了。这可能是因为，这类软性公共服务指标不易进入政府官员考核体系中，从而被放在了相对次要地位，不能形成可持续的发展动力。尤其在如今财政分权的格局下，长三角地区各地方政府也不愿多付出成本发展此类公共服务，特别是跨地区类的公共服务，因而不利于形成良好与平等的公共服务氛围。

此外，长三角各地区虽分属不同行政区域，但由于地域相近、文化相通、经济相融，存在着广泛的共同利益。各级政府一方面既要保证经济平衡发展，另一方面又要能够提供优良公共服务，满足公众需求，只有公共服务体系的建立和完善，才能进一步推进长三角地区的经济社会发展。这就需要各城市通过紧密合作，整合区域优势，互利共赢，加快经济互动发展。一方面加强政府间公共服务领域的合作协调机制建立，通过跨行政区划的政府合作、经济协作和互动关系，有力推动各项公共服务的政策衔接。在同质地区尽量减少差别化管理，实现政策的同一性；在异质地区实施公共服务协调机制时，也要充分考虑到对当地经济及民众福利的影响。从而激励地方政府联手构建统一的制度框架和实施办法，逐步实现区域内相关公共政策的规范性和统一性，以此消除行政壁垒，营造公共服务综合调控的政策体系。

同时，政府还需搭建区域内公共服务共享平台，开放部分公共服务资源，使其能够在区域内无差别流动，研究和制定一系列符合不同公共服务的技术标准、管理规范和规章制度。纵向上，中央政府也应发挥权威作用，对长三角地区公共服务协调机制给予大力支持，尤其是在涉及跨地区公共服务项目时，更要发挥指导作用，充分调动地方政府积极性，建立跨行政区的机构来处理相关事宜，并保证具可持续性和权威性，使公共服务协调真正发挥作用。并且，政府的财政支持机制也要跟进。在中国式分权体制下，政府财力和事权是否匹配，是公共服务能否顺利供给的一个重要因素。① 基于公共服务领域的社会公益性和公共品性质，政府理应成为主要资助者和引领者，这就要求政府加大对公共服务的资金资助力度，从财政上激励地方政府提供优质公共服务。如，可以考虑设立长三角地区公共服务建设专项基金② ，鼓励和优先资助跨地区联合建设项目，用于劳动力的转岗培训和再就业方面的公共服务建设、科技平台搭建，等等。

---

① 我国政府间的财政关系经历了多次调整，在收入及转移支付上也取得了一定的进展，但政府支出责任的划分始终存在争议。即使是在 1994 年分税制改革后，也没有从法律上明确地方政府的支出责任。除了少数事权，如国防、外交等专属中央政府外，其他支出责任几乎地方政府都要承担，形成"上下对口、职责同构"的现象，而地方财力却没有相应调整。

② 专项基金的资金主要应来源于政府拨款，另外也可鼓励企业、高校和科研机构等部门投资，并接受社会捐款，由公共服务领导小组负责管理。

对外开放与产业结构转型升级：昆山的经验与启示

张二震

（南京大学商学院教授，南京大学国际经济研究所所长，昆山现代化
研究院院长，博士生导师）

一、对外开放与产业结构转型的关系

开放条件下的产业结构转型应该包括两层含义，一是推进工业化进程，建立新的产业，实现新产业的从无到有；二是促进产业价值链的攀升，或者说向"微笑曲线"两端攀升，以获取更多的国际分工利益。一方面，新产业的发展离不开对外开放，跨国公司的产业转移为我国新兴产业的建立提供了机遇。在产业间分工情况下，国际分工以产品为界限，往往只是由于个别环节缺乏生产技术，发展中国家就被排除在高科技产业之外。但是在产品内分工情况下，以生产要素优势融入跨国公司主导的国际产业链的特定环节，就有可能成为发展中国家进入高科技产业的捷径。同时，新产业的发展也离不开国际市场，欧美等发达经济体仍然是电子信息产业等新产业的主要市场。通过对外开放，不仅能够抓住国际产业和资本转移的机遇，而且能为新产业的发展提供市场条件。

有专家担心，通过承接国际产业转移的形式融入国际分工体系，不

仅不能实现产业结构的转型升级，而且由于跨国公司把中国作为劳动密集型生产环节的配置地，从而极有可能使中国被跨国公司的国际生产链"俘获"而长期处于产品价值链的低端。一旦劳动力成本上升，外资企业就会向成本更为低廉的国家转移，形成"浮萍经济"。

应该说，这些疑虑是有一定道理的。能否通过扩大开放推动产业结构的转型和升级，的确是我们必须面对的重大理论和现实问题。昆山通过发展开放型经济，不断提升对外开放的层次和水平，在短短的20多年时间里，不仅迅速建立起以电子信息产业为代表的新产业群，而且成功实现价值链的不断攀升，成为利用对外开放推动产业结构转型升级的典型成功案例。昆山的案例表明，在国际价值链分工体系下，存在以价值链攀升为特征的产业升级的机遇，关键在于能否形成产业聚集。在特定地区形成特定产业或者是特定产业的某些环节（即便是低附加值的劳动密集型环节）的集聚，就会成为吸引上下游环节进入的重要因素，从而进一步吸引价值链较高端的环节的进入，形成集聚效应的良性循环。在这种情况下，出现的可能不是该地区被跨国公司"俘获"，锁定于价值链低端，而可能是跨国公司被该地区"俘获"，争相进入该地区以提升全球竞争力。

当然，能否通过产业聚集推动产业结构升级，还要取决于能否通过融入外资企业的产业链，提升新产业中的本土企业竞争力，实现外资企业与本土企业的融合发展。一方面，产业集聚本身就是一个地区产业竞争力的重要来源，通过产业集聚可以实现"外企生根"；另一方面，外资企业的进入也可以促进为外资配套的本土企业发展。一般来说，为外资企业配套的本土民营企业，都会有较高的技术水平和管理水平，否则很难为高手"配套"。进一步说，本土企业还可以通过生产环节的"配套创新"，在实现价值链攀升的同时，与跨国公司形成更为紧密的利益共同体。传统的观点是，外资企业的进入会对本土企业构成竞争，不利于本土企业的发展。事实上，这种认识是与传统的国际分工模式，亦即产业间或产品间的国际分工相适应的。在这种国际分工模式下，跨国公司通过在东道国本地生产服务于东道国市场，这样跨国公司的进入必然会争夺本土企业的市场，构成对本土企业的竞争。但是，在国际价值链分工的情况下，跨国公司通过直接投资进入发展中国家从事中间品生产或者组装业务，其产品销往全球市场，对东道国市场的竞争效应明显减弱。跨国公司的进入还会产生显著的后向联系效应，带来对中间投入品的需求，这又为本土企业与外资企业建立分工协作联系，进入新产业提供了机遇。

二、昆山对外开放与产业结构转型之路

昆山经济发展和产业结构转型与对外开放密不可分。昆山开放型经济的发展起步于 20 世纪 80 年代中期。经过短短 20 多年的发展，昆山已经成为全球电子信息产业的重要生产基地，形成了电子信息、机密机械、精细化工和民生用品等四大支柱产业，从 2005 年起，昆山已经位列全国百强县之首。昆山巨变得益于昆山抓住开放的机遇，创造条件推动外资流入，并积极发展外向配套产业，不断提升本土企业竞争力。

（一）对外开放实现了昆山"农转工"，迅速建立了新产业的产业基础

昆山的对外开放始于 1985 年自费开发区的新建，经过了 7 年左右的时间，1992 年开始昆山开放型经济进入快速发展阶段。昆山抓住国内国际良好发展环境和机遇，扩大开放，利用电子信息和机械制造等产业在发达国家已经进入产品生命周期成熟阶段的机遇，构筑承接国际资本和产业转移的平台，利用外资迅速构建了新产业基础。新产业外资的

流入为昆山新产业的快速发展奠定了产业基础。资料显示，1996—2001 年 IT 产业年均增幅达 40.4%。

（二）对外开放推动了昆山产业"散转聚"，建立起集群竞争力

在产业基础初步建立和主导产业初步显现的基础上，昆山利用外资导向从数量扩张转向利用已有产业基础培育集群竞争力。昆山积极利用外资企业进入的前向和后向联系效应，围绕电子信息、精密机械、精细化工和民生用品等四大主导产业针对性地吸引外资，构建起上下游配套能力完善的产业集群。由于集群优势的作用，昆山新产业的发展呈现了加速增长的态势，到 2007 年昆山高新技术产业产值已经超过工业总产值的 1/3。

有别于产业建立初期，昆山新产业的特征出现了显著的转变。首先，本地价值链得到显著延长，使昆山成为全球电子信息产业重要的生产中心；其次，昆山的区位优势发生了改变，由来源于地理位置的区位优势转向来源于集群竞争力的区位优势；第三，得益于前后向联系效应，昆山的产业结构不断得以提升，光电、半导体、新能源等具有核心技术的产业相继建成。如果没有前期形成的产业基础，昆山发展这些高端产业是难以想象的。

（三）对外开放加速了昆山本土企业发展和产业升级，提升了本土竞争力

随着昆山对外开放的发展，昆山本土企业获得了快速发展。外资企业进入和产业集群的形成为昆山本土企业进入新产业，融入跨国公司全

球生产网络提供了机遇。外向配套是本土企业和外资企业建立联系的重要途径。所谓外向配套是指外资企业进入通过后向联系产生的本地企业向外资企业提供中间品的行为，外向配套的发展使得昆山本土企业越来越成为产业集群中价值链的重要环节。外向配套不仅为本土企业提供了进入新产业的机会，而且还是外资企业向本土企业技术溢出的主要途径。在外向配套中，外资企业对于为其提供中间品的配套企业的技术溢出有利于保证中间品的质量，降低中间品成本，从而有利于外资企业竞争力的提升，所以在外向配套中，外资企业对配套企业的积极型技术溢出是普遍的现象。通过 10 多年外向配套的发展，昆山本土企业已经围绕电子信息、精密机械等主导产业形成一批专业化配套群体。

（四）对外开放推动了昆山生产者服务业的发展，进一步推动产业结构优化

生产者服务业被认为是产业结构转型和升级的方向之一，生产者服务业的发展离不开制造业的支撑，反过来生产者服务业的发展又会促进制造业的发展。昆山产业集群的发展壮大为生产者服务业的发展提供了市场需求，适应这种需求，昆山从实际出发，考虑到上海服务业的影响半径，重点发展为本地制造业服务的物流、会展、营销和商贸服务等产业，并于 2006 年 8 月建成以现代服务业为主导产业的省级花桥经济开发区。目前花桥经济开发区中的金融服务外包产业园集聚了一批全球和中国领先的服务提供商。昆山生产者服务业的快速发展，降低了昆山制造业的物流等成本，进一步促进了制造业集群效率的提升，形成了制造业和生产者服务业相互促进了良性循环。

2006 年起，昆山就把加快转型升级作为一项最紧迫的任务。此后，自主创新、价值链攀升和新兴产业培育成为昆山经济发展的重要方向。在这一方向的指引下，昆山形成了软件、集成电路、平板显示、计算

机及网络设备、通信等五条电子信息产业链，模具、工程机械（特种车辆）、数控设备、新能源装备等四条装备制造产业链。2010 年，全市高新技术产业产值近 2500 亿元，占规模以上工业产值比重达 37.8%，2011 年超过 40%；新兴产业方面，重点发展光电、新能源汽车、可再生能源、碳素材料、高端装备、智能电网、机器人、小核酸、软件和服务外包，以及物联网等新兴产业。2010 年，全市新兴产业实现产值近 1600 亿元，占规模以上工业的比重达 23.4%，2011 年达到 30% 左右；在现代服务业方面，以花桥国际商务城为龙头，在金融服务外包、区域总部、软件服务、三四方物流、展示展销等领域取得重点突破，全市服务业增加值占 GDP 比重每年提高 1—2 个百分点。

　　经过近 30 年的经济发展，尤其是 20 世纪 90 年代以后的经济高速增长，昆山经济发展达到了较高水平。2010 年，全市完成地区生产总值 2100.3 亿元；全口径财政收入 480.4 亿元，其中地方一般预算收入 163.1 亿元；工业总产值 7001.3 亿元；完成全社会固定资产投资 530.7 亿元，社会消费品零售总额 356.6 亿元，进出口总额 821.2 亿美元，其中出口 533.4 亿美元；城镇居民人均可支配收入 30923 元，农村居民人均纯收入 17645 元，连续七年保持两位数增长。贯穿昆山经济由弱到强的历程中的主线是"变"，以领先一步的思维和方式不断为未来经济增长寻找新的动力，形成了独特的经济发展的昆山之路。2009 年，昆山新增企业研发机构 85 家，累计达到 402 家；专利授权 5200 件，增长67.7%。其次，产业集群的发展为价值链向微笑曲线右端移动创造了条件。昆山电子信息等产业较为完整价值链的存在使得昆山不仅在中间品制造上具有优势，而且为直接面向消费市场的最终产品的生产提供了便利，为自主品牌的发展提供了有利条件。同时，昆山产业集群促进了处于微笑曲线右端的生产者服务业的快速发展。

三、昆山经验的启示

昆山经验对其他地区发展普遍借鉴意义体现在以下几个方面。

第一，积极参与和深化对外开放是加速产业结构转型的有效途径。产业结构转型升级是实现我国未来经济可持续发展的根本途径，昆山的经验说明，对外开放，承接产业国际转移是实现新产业建立、成长和价值链攀升的有效途径。在正确的政策引导和推动下，外资推动型的产业发展与转型不会带来所谓的价值链低端锁定和浮萍经济的结果，相反会成为产业结构转型和本地竞争力提升的基础和重要推动力。

第二，以清晰的发展思路和创新的精神，领先半拍推动对外开放和产业升级。昆山的经验说明新产业的建立和产业结构转型是长期过程，不同阶段有不同特征，对政策有不同需求，这要求政策制定者对产业发展与转型具有清晰的思路，立足长期发展，坚持产业发展方向和政策方向的一贯性，并依据产业发展趋势和阶段，调整政策重心，引导产业结构按照既定路径发展。

第三，价值链招商，培育产业集群，通过产业集群推动产业结构升级和提升区域竞争力。昆山经验表明，产业集群建立和竞争力提升是利用对外开放推动产业升级的重要途径。培育产业集群首先需要根据当地的产业发展环境和产业基础做好当地的产业发展规划，然后围绕确立的主导产业招商引资，做大主导产业的规模，在主导产业量的扩张的同时，实行价值链招商。一方面，围绕已经进入的外资企业，跟踪这家企业的上下游企业，吸引它们投资跟随；另一方面，研究本地区主导产业的价值链情况，针对性地引进本地缺失的生产环节，不断完善本地区产业配套环境。

第四，发展外向配套，促进本土企业成长是产业结构转型升级和本土竞争力提升的重要途径。发展外向配套不仅仅是本土企业成长和竞争力提升的重要途径，也是完善本地区产业配套环境的重要途径。很多地区重视引进外资，但对本土企业发展重视不够。昆山的经验说明，外向配套产业的发展，有利于降低产业集聚区的配套成本，优化产业发展环境，形成"民企发展，外企生根"的良好局面。

此外，昆山的经验表明，政府引导与推动是利用对外开放促进产业结构升级的重要保障。无论在开放型经济发展和产业发展战略的制定，还是在良好的投资环境的营造以及政策服务体系的建立和完善等方面，昆山市委市政府都发挥了重要作用。

长三角地区政府间合作推进企业社会责任机制研究

王 丹

（中国浦东干部学院教研部副教授、博士）

区域面积仅占全国 2% 略多的长三角，贡献着中国 1/5 以上的经济总量。统计数据显示，2010 年，长三角地区 16 个城市 GDP 平均增速为 12.6%，全年经济总量接近 7 万亿元，有 13 个城市 GDP 超过 2000 亿元，其中 6 个城市 GDP 超过 5000 亿元。长三角是我国经济总量最大的区域，基本特点是经济要素同质、生态体系同构、环境资源同享、经济水平同步性及人文资源相通。由于经济发展外向度较高，民营经济发展较早较快，因而企业社会责任一直成为该区域的热点问题。近年来，长三角很多地方政府为了促进地方经济健康发展，维护和谐稳定地劳资和社会关系，都纷纷出台了企业社会责任评价的地方标准。这些标准在一定程度上促进了当地企业有效地履行社会责任，但是从长三角区域整体来看，标准过于繁杂，不利于整个区域经济的一体化发展，以及产业结构优化升级。因此，建立长三角地区政府间合作推进企业社会责任的有效机制，整体解决长三角经济社会发展中遇到的共同问题，已经成为一个亟待研究解决的课题。

一、长三角地区企业社会责任概况分析

（一）企业社会责任的界定

企业社会责任作为社会问题被提出来讨论已经有数个世纪之久；作为一个研究领域，在西方已经有了半个多世纪的发展历程，时至今日仍是一个备受关注的研究话题和实践活动，国内外学者对于它的界定依然存在较大的分歧。目前，被理论界所广泛接受和认可的企业社会责任概念，是美国佐治亚大学管理学教授、社会责任专家阿尔奇·卡罗尔对企业的社会责任所下的定义：企业社会责任是社会寄希望于企业履行的义务，社会不仅要求企业实现其经济上的使命，而且期望其能够守法律、重伦理、行公益。完整的企业社会责任，为企业的经济责任、法律责任、伦理责任和慈善责任的总和。[1] 也被称为企业社会责任的"金字塔模型"。

正确厘定企业社会责任的含义是全面把握企业社会责任理论的逻辑前提，也是研究政府推进企业社会责任机制的起点。从本质上来看，企业社会责任属于应用性科学，其研究的目的直接针对实践。因此，本文借鉴卡罗尔教授提出的企业社会责任理论，结合企业社会责任的实践，认为"企业社会责任是指企业在追求营利性目标的同时，最大限度地增进其利益相关者整体利益的义务。"以企业社会责任所涉及的利益相关者为划分标准，企业社会责任包括企业对股东、债权人、员工、消费者、供应商、社区、环境等利益相关方的责任；从企业社会责任的性质

---

[1]　See Carroll, Archie B. and Buchholtz, Ann K. Business and Society: Ethics and Stakeholder Management, 4th ed. Cincinnati, Ohio: South-Western Publishing Go.2000, p35.

来看，它是法律责任和道德责任的统一体，其中法律责任是核心。

鉴于企业社会责任的一部分道德属性，很多学者认为企业社会责任应该由企业去自觉、自发地去承担，不应该在法律上强行规定为法定责任，甚至担心由此会导致国家滥用企业社会责任，回到"企业办社会"的老路上去。笔者认为，企业社会责任的法律化与否，应该结合一国的社会经济发展需要、法治完善程度来综合考虑。在西方发达资本主义国家，整个社会经济发展程度较高，企业拥有着先进的技术水平和管理手段，加之社会保障完善，最主要的是法治程度较高，企业自觉遵守法律规定，司法严格，在此条件下，企业的社会责任重点在于倡导企业更多地为社会公益、慈善事业服务，道德责任成为企业社会责任的重点内容。而在现实的中国环境之下，企业社会责任的缺失主要在于法律责任的弱化。近年来，社会上频频发生的煤矿生产安全、食品安全、环境破坏、资源枯竭等社会问题，其关键就在于企业法律意识的缺乏，法制水平的欠缺和执法司法体系的不完备。在此问题上，道德层面的呼吁和倡导必不可少，但是缺乏了法律的强制性规范和严格的责任追究机制，所谓的社会责任就只能是镜中花、水中月，甚至有可能沦落成为某些利益集团伪饰自我的最佳工具，从而蒙蔽公众的视线，逃脱法律的追究。①由此，笔者认为，在我国目前的现实状况下，应该将企业社会责任法律化、系统化，用法律的强制力作后盾，综合运用立法技术和立法经验构建起企业社会责任的法律范式，这样才能让企业无可逃避地承担起应负的社会责任。因此，政府在推进企业社会责任的过程中起着不可或缺的重要作用。

---

① 如 2008 年著名的"三鹿"奶粉事件：三鹿集团在 2008 年 5 月份汶川地震发生时，在地震刚刚过去不到 48 小时，就紧急调配 120 万元的奶粉、液体奶运达灾区，成为第一批抵达四川灾区的奶粉，前后总计捐赠数额 1600 万元，成为乳业之最。然而，就是这样一个"热心公益"的"优秀"企业，却在三个多月以后被暴露出其奶粉含三聚氰胺，致使全国近 30 万名婴儿患上肾结石。由此可见，企业社会责任不能单纯依靠道德的呼吁和倡导，也不能片面以企业的公益宣传为标准，必须通过法律强有力的保障才能实现。

当然，强调法律责任的重要性，并不等于否定道德责任的重要性。经济学家卡尔斯·克森曾经说过："自由经济真正的敌人是道德相对主义，每一个人的良心才是真正管用的市场警察。"道德标准往往高于现实的法律规定，实际上反映了企业社会责任的价值追求，是企业社会责任更高的目标要求。由于法律的刚性、概括性特征，不可能企业社会责任的所有要求全部囊括其中，而道德准则的软性特征使得其在约束公司责任问题上具有较大的弹性，能够将法律责任难以明确在内的内容作为道德性要求进行倡导，实现了对企业社会责任规范的"兜底"作用。因此，企业社会责任的完整实现，需要法律责任与道德规则的融合，两者相互补充，相得益彰，共同促进企业社会责任的发展。这就要求政府必须要在推进企业社会责任的过程中承担重要的角色和作用。

(二) 长三角地区经济发展及企业社会责任的特点

1. 外贸依存度大，企业社会责任受国际相关标准约束度高

我国企业最初遇到的有关企业社会责任的挑战，就是 20 世纪 90 年代末开始在我国沿海地区遇到的"验厂"风波。跨国公司对在中国采购商品的工厂在工作环境、劳工待遇、福利保障等各方面都提出了要求，其中尤以 SA8000 标准最为普遍。在此压力之下，外向型经济发展程度较高的珠三角、长三角区域的工厂普遍开始重视企业社会责任建设，深圳市、上海市、常州市等地方政府也纷纷借鉴国际标准，相继出台了企业社会责任的地方标准。这些措施在一定程度上改善了区域内的用工条件，优化了投资环境。

经历了多年高速增长之后，长三角的投资密度、环境承载能力等均已接近饱和。而且，随着全球经济的高频波动，外向度过高也使该区域的经济发展风险不断加大。尤其是本轮经济危机过后，长三角区域内很多企业也在实现行业内的技术更新和产品转型。高新产业的发展和产业

升级并不意味着可以脱离原有的企业社会责任标准，相反，国际通行的标准是对这些行业和企业提出了更高的要求。因此，对于下一轮长三角地区产业升级和转型发展而言，企业社会责任依然会在较长时间内受到国际相关标准的规范和制约。

2. 用工荒日益严重，企业社会责任标准亟待提高

近年来在东部沿海地区出现的"用工荒"问题已经开始逐年严重。普遍认为，用工荒问题出现的主要原因在于，工资待遇低，劳动条件差，用工不规范，劳工权益受侵害，等等。相比之下，2011 年春节过后出现的"用工荒"，则多了一个新现象：一些农民工输出大省多以"方便子女就学""就近照顾老人"等为说辞，劝农民工留在本省就业。许多农民工被这些"留工"理由打动，在远去他乡与就近打工之间徘徊。这些现象显示，在农民工就业选择上，地区差别已经不重要，愈演愈烈的"用工荒"现象背后，是城乡社会保障、公共服务差距以及长期以来农民工普遍遭受的工资待遇低、劳动强度大、权益难保障等不公平境遇。

2011 年初，有一家调研机构对来自上海、苏州、无锡、杭州共 2329 名在职或正在择业的求职者（其中 74.4% 的人为农村籍）进行了调查问卷，得出求职者对工作要求的主要偏好依次为：收入高 (72.6%)；工作环境 (45.7%)；社会保险等福利待遇好 (43.9%)；有一定的个人职业发展空间 (26.1%)；有学习知识和技能培训的机会 (19.9%)；单位的品牌和知名度 (17.7%)；签订劳动合同 (17.2%)；工作强度不大 (10.4%)；企业用工遵纪守法 (10.0%)；离家乡近 (7.8%)；不加班，节假日能休息 (4.0%)；人际关系好 (3.3%)。（见图 1）

这些研究表明，要破解长三角地区企业的"用工荒"，政府必须和企业联手，一方面提高外来务工人员的工资和社会保障水平；另一方面要完善企业社会责任标准，改善用工条件，为外来务工人员打造更好的就业环境。

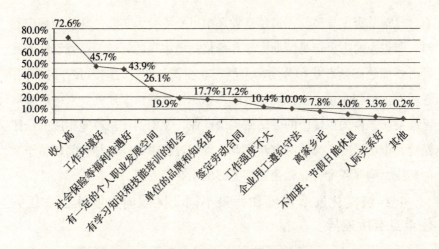

图 1　长三角地区外来务工人员的择业需求

3. 产业经济转型，企业社会责任内涵体系和标准完善面临新的挑战

在经历了多年的以劳动密集型产业发展为主的粗放型发展模式之后，尤其是在本轮经济危机过后，长三角地区的经济发展面临着重大转型，这也对企业社会责任内涵体系的丰富和标准的完善提出了新的要求。在最新出台的《浙江省国民经济和社会发展第十二个五年规划纲要》中是这样描述浙江省"十一五"状况的："过多依赖低端产业、过多依赖低成本劳动力、过多依赖资源环境消耗的增长方式尚未根本改变，产业层次低、创业能力不强、要素制约加剧等问题依旧突出，节能减排压力加大，服务业比重和城市化率还没有达到'十一五'规划预期目标。"这样的认识，在长三角省市中具有代表性。

在传统的劳动密集型产业发展过程中，企业普遍压低用工成本，劳动条件和就业环境较差，对资源和环境的消耗成本也比较高，这些都与企业社会责任的基本要求有着较大的差距。要指出的是，产业转型也不是一朝一夕的过程，虽然机电产业和高技术产业是这些地区产业升级的鼓励方向，是传统劳动密集型产业向新型劳动密集型产业转移的重要领域，也是寻求技术密集和高附加价值发展空间的必由之路，但总体来看，目前外资主导型的先进制造业还难以获得技术垄断性环节的稳定利益，所进入的主要仍是劳动密集和价格竞争主导的环节。这就意味着我们必然面临高新产业和劳动密集型产业在较长一段时期内共存的局面。这就对我们创建企业社会责任内涵体系和标准提出了新的要求。这种体系既要能严格约束传统的劳动密集型产业，使他们严格遵守相应的法律法规和市场标准，又能对高新产业在发展过程中遇到的种种问题给予及时回应，确保各个行业和企业都能够健康有序发展。

4. 经济文化发展程度和背景不同，区域内企业社会责任关注重点有所差异

通常而言，长三角地区的经济发展主要有三种典型模式：上海的"浦东开发开放模式"，江苏的"苏南模式"和浙江的"温州模式"。这三种模式的形成，与三地的传统文化、发展背景和政府在经济发展中所起的作用有着重要的关联。正是由于这种差异，形成了三地企业家对企业社会责任内容关注的重点有所不同。

一份来自上海和浙江两地 MBA 学员的调查问卷显示，两地的管理者在对待企业社会责任的导向上并没有明显的差别，这说明两地的企业家在对企业社会责任的理解和接受度上都达到了较高的水平。然而在企业社会责任的具体指标体系中，发现上海地区的管理者比浙江地区的管理者更加重视法律责任，而经济责任、伦理责任和慈善责任并没有显著的差异。[①] 出现这种现象的原因在于，上海信息化、现代化程度较高从而带来管理者法律意识较强，以及上海地方法规相对比较健全。在政府管理行为相对规范严格的情况下，企业的组织规范和管理者的行为标准都更倾向于遵守法律法规，整个社会的合法性程度较高。这样的差别，也为政府推进企业社会责任的重点提供了一定的方向。对于江浙地区，政府需要在完善地方法律法规和企业社会责任相关标准、加强对企业的

---

① 参见杨帆、石金涛、吴志国：《中国管理者企业社会责任导向研究——基于长三角都市圈的实证分析》，《管理评论》2009 年第 4 期。

合法合规经营管理以及法制宣传教育等方面加大力度。

二、长三角地区政府推进企业社会责任的实践

（一）政府在推进企业社会责任中的角色和作用

企业社会责任的主体原本是企业，是企业在经营活动中与利益相关者发生各种显性或隐性契约关系，因而要承担相应的法律责任和道德责任。在企业道德水平较高的情况下，社会责任完全是企业自身的事情。然而，由于理性经济人的本质以及承担社会责任所要付出的成本，对利益最大化的追求目标往往使企业不愿主动去承担社会责任。当单纯依靠道德的自制无法实现良好的目标，甚至对社会公益造成威胁或损害的时候，公权力就必须要适时介入。"过去被推入到私人领域的冲突现在进入了公共领域；公共领域逐渐成为一个利益调解的场所，群体需求不能指望从自我调节的市场中获得满足，转而倾向于国家调节。"[1] 政府对企业社会责任的介入和调节，不仅是政府履行管理经济职责、约束企业经济行为的需要，更是保障社会公共利益的需要。伴随着企业与政府在市场中的地位变化，主导企业社会责任的力量也随之不同。根据英国学者 Gond，Kang and Moon 的研究，政府与企业社会责任的关系可以分为六种形态。[2]

---

① 汪晖、陈燕谷:《文化与公共性》，三联书店 1998 年版，第 128 页。

② See Gond, J-P, Kang, N and Moon, J (2008) "Corporate Social Responsibility", in D Coen, W Grant and G Wilson eds, *Oxford Handbook of Business and Government*, Oxford University Press.

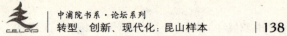

一是企业社会责任属于企业的自治行为。这种形态与美国的企业发展最为接近。在这种形态中，企业履行社会责任是其本身主动、自愿的行为，与政府无关，反映了企业与社会之间的密切关系。

二是政府认可企业社会责任。在这种形态中，政府通过一定的支持行为来鼓励企业履行社会责任。例如，澳大利亚商业领袖圆桌会议、丹麦政府企业社会责任论坛等都属于这种形式。

三是政府鼓励企业社会责任。在这种形态中，政府通过各种方式激励企业履行社会责任：如补贴，给予企业特别的就业或培训政策；或准许那些宣传、推动、实施企业社会责任的商业机构的行为；或对企业的慈善捐款给予一定的税收优惠。

四是政府与企业合作推进企业社会责任。在这种形态中，政府与企业共同整合目标和资源，去处理地方事务（如地方经济合作伙伴关系）、国家事务（如英国企业社会责任学院提高中小企业对企业社会责任的理解），甚至国际事务（如美国服装工业伙伴关系，英国道德交易行动）等。

五是政府管制企业社会责任。在这种形态中，政府根据企业社会责任的要求，通过立法来规范企业的经营行为。在欧洲，这种立法更多的是软规范，即政府运用法规资源，但没有强制力和惩罚措施。如英国养老金和企业法要求企业报告其经营行为对社会、环境、道德的影响；政府通过在采购政策中提出特殊要求（在员工种族平等、性别平等、环境资源等方面）来鼓励企业履行社会责任。

六是企业社会责任成为政府实现治理目标的一部分。如在一些社会福利不健全或者经济转型的国家，政府的公共管理和服务职能不够完善，企业在这种情况下就提供了直接的社会福利，如向公民提供娱乐设施、图书馆，对员工及其家庭和社区的教育，保证劳工权利、维护环境标准等。

在上述六种关系形态中，我们可以看出，随着政府与企业的关系越来越密切，政府在推动企业社会责任中的作用越来越重要，反之，企业社会责任也对政府实现其治理目标有着更直接和重要的影响，这实际上反映了政府与市场的互动作用。

在西方市场经济比较发达的国家里，由于法治基础比较完善，企业守法的程度相对较高，企业的经营活动主要是其自主的行为，这种市民社会的基础和"市场主导型"的市场经济发展模式决定了企业社会责任的发展路径是由企业自主逐渐过渡到政府适当干预，即由企业自治，发展到政府认可、鼓励企业社会责任，再到政府与企业合作推进企业社会责任、通过立法规制企业社会责任，直到最近几年，企业社会责任才发展成为一些西方国家政府实现其治理目标的一部分，如英国工党通过推进企业社会责任来弥补政府财政赤字。在此过程中，政府与企业的关系也由一开始的松散逐步变得紧密，企业社会责任的重点是强调道德责任。

相反，中国是一个由计划经济转型到市场经济的国家，法治基础不够完善，政府的管制行为在现存的社会经济中依然有很大的影响。因此，这种"政府促导型"的市场经济发展模式决定了中国的企业社会责任路径很可能迥异于西方市场经济国家已经走过的路径。在尚不能完全依靠企业的自觉自主来履行社会责任和整个国家法治建设不够健全的情况下，政府对企业社会责任的推动作用就显得更为重要。

实际上，政府利用企业社会责任实现治理目标的情况早在中国计划经济时期就已经出现，当时的"企业办社会"正是通过国有企业的"大而全，小而全"，来部分地承担本应该由政府提供的公共服务和社会保障职能，从而实现政府管理社会的目标。然而，需要指出的是，这种"企业办社会"的治理模式，并非我们今天所要强调的完善的企业社会责任发展模式。首先，这种模式没有建立在法治的基础之上，不符合市场经济的发展要求和规律。其次，这种模式混淆了政府责任和真正的企业社会责任的界限，不利于企业健康可持续地发展。最后，这种模式的发展不符合我们建设社会主义法治社会和和谐社会的目标。在目前中国经济社会的发展阶段，企业社会责任的重点是强调法律责任，企业依法办事，实际上就有利于实现政府建设法治社会的目标。因此，我们所倡导的构建政府主导的企业社会责任推动机制，主要是指在加强法治建设、明确政府社会管理和公共服务职责的基础上，运用合法合理的手段来规范企业经营行为，重点强调企业的法律责任，从而实现我们完善市场经济建设、构建社会主义和谐社会的目标。

（二）长三角地区政府推进企业社会责任的实践

目前，长三角区域内地方政府推进企业社会责任的积极性很高，纷纷通过出台文件、设立标准、成立专设机构等方式来推进企业社会责任实施。下面择选三省市中起步较早、成效较为显著的上海市、常州市、宁波市为例来简单介绍长三角地区政府推进企业社会责任的实践。

1.上海市推进企业社会责任实践

浦东开发开放以来，经济持续快速增长，大量中外资优秀企业入驻，浦东 2007 年对 600 多家企业的调查中，83% 的企业对企业社会责任有较好认知度，推进企业社会责任建设的条件比较成熟。浦东新区结合综合配套改革的实际，把建立企业社会责任体系成为综合配套改革的重要内容之一。专门成立了由新区经委、环保市容局、劳动保障局、总工会及相关单位和企业等多方参与的新区企业社会责任体系联席会议制度，设立"浦东新区建立企业社会责任体系联席会议办公室"，负责协调新区企业社会责任推进工作。同时，发布了三个重要文件：《浦东新区企业社会责任导则》（以下简称《导则》）、《浦东新区推行企业履行社会责任的若干意见》（以下简称《意见》）以及《浦东新区建立企业社会责任体系的三年行动纲要（2007—2009 年)》（以下简称《纲要》）。其中《导则》具有企业社会责任标准的性质，《意见》是政府的规范性文件，《纲要》则提出了要建立政府、企业、中介、社会"四位一体"的责任体系以及目标。

在《导则》的设计上，一方面借鉴目前国内外有关企业社会责任现有标准体系的内容，另一方面紧密结合浦东企业和社会发展实际，具体内容围绕"权益敏感性"、"环境敏感性"、"诚信敏感性"和"和谐敏感性"四个方面展开，通过全方位覆盖企业的股东、管理者、员工、消费者、商业伙伴、环境、政府、社区和公众等利益相关者群体，最后根据企业对各个利益相关者责任的不同方面，具体提出了60项指标，既包含劳动保障、环境保护、产品质量、产品安全等约束性指标，又含有企业文明、社会贡献、科技创新等倡导性指标。从而构成了一个较完善的三级指标体系。需要指出的是，这60项指标既包括法律层面的责任，也包括道义层面的责任，且以后者为主，它不仅仅是一个包含底线要求的标准，更是一个示范和引导标准。而且各项指标比较具体并且具有可操作性。

同时，还建立企业履行社会责任信息披露机制和举报制度。政府建立企业社会责任专题网站（csr.pudong.gov.cn），对企业履行社会责任情况进行公示。鼓励新闻媒体、社会团体、金融机构等单位和组织根据实际情况建立企业履行社会责任信息披露机制，并通过各类媒体发布企业履行社会责任情况，接受社会监督。建立企业社会责任举报制度，聘请企业社会责任监督员，畅通举报渠道，监督企业社会责任标准实施情况。

在浦东新区政府推进企业社会责任的成功经验基础之上，2008年11月25日，上海市质监局发文认定《上海市企业社会责任标准》正式成为上海市地方标准，并于2009年1月1日起正式实施。这也标志着我国首个企业社会责任方面的省级地方标准的形成。

2. 江苏省常州市政府推进企业社会责任实践

进入20世纪90年代以来，由于受到外商"验厂"的压力，常州市的一部分劳动密集型企业尤其是服装企业受到了较为严峻的挑战。为了帮助企业渡过难关，改善用工条件，优化投资环境，协调经济活动和资源环境之间的关系，从2004年开始，常州市成立了"企业社会责任标准化委员会"，并制定发布了《常州企业社会责任标准》（CSA8000）。

标准制定参考了国际劳工标准（SA8000），结合国家法律规定和常州实际，具有鲜明的常州特色：一是突出企业对劳动者负责，明确了劳动者的权益和义务；二是明确了企业应该履行的基本社会责任；三是包涵了经国家批准的国际公约相关内容的基本原则；四是在标准中明确了职工依法参加和组建工会，通过职工代表大会或其他形式实行民主管理等重要条款和内容。标准明确了企业对员工生活环境、健康安全、薪酬、培训等方面的基本标准，各项标准都有较为明确的数量指标或可衡量的具体指标。同时，常州市发布了《常州企业社会责任标准实施意见》，对企业贯彻实施企业社会责任标准分别提出了不同要求。有贯标企业、达标企业、确认企业3个梯级目标模式。企业凡开展外国或国际各类社会责任标准认证的，都应该优先承认并贯彻常州地方标准；企业履行社会责任的表现被列为创先评优的重要条件。2006年12月，常州市政府设立企业社会责任奖，获得奖项的单位，可在三年内实行劳动、工商、安全生产等方面免予年检，可在同等条件下优先享受政府相关优惠政策。

另外，常州市把企业社会责任报告制列为企业职工代表大会的一个基本制度，这在全国是首创。该制度要求，每年由企业负责起草并形成本企业《年度社会责任报告》，由企业工会组织职工代表对企业履行社会责任的表现进行评议，并作出客观评价向企业反馈。

3. 浙江省宁波市政府的推进企业社会责任实践

2008年初，宁波市制定了《推进企业劳动保障社会责任建设实施企业劳动保障年度书面审查办法》（以下简称《办法》），以此促使企业自觉遵守《劳动法》、《劳动合同法》、《就业促进法》、《劳动保障监察条例》等法律法规，督促企业自查自纠，及时处理违法案件，推进企业履行劳动用工、职业培训、劳动合同、工时及休息休假、劳动工资、社会保险等劳动保障政策法规和劳动标准方面所应承担的责任。《办法》将对企业履行劳动保障社会责任的情况按照法律法规的规定进行逐项审查，按照审查结果分ABCD四类定级。对因企业报送年审材料不实造成劳动保障部门定级错误的，自发现之日起即可取消其原定劳动保障社会责任信用级别，并可作为失信企业向有关部门推荐上网公示。对模范遵守劳动保障法律、法规、规章，被定为劳动保障信用 A 级的企业，可推荐为劳动保障诚信示范企业和履行劳动保障社会责任先进单位，向省、市有关部门推荐评选相关先进、模范单位。对劳动和社会保障年审连续 3 年达到信用 A 级的企业，劳动保障行政部门一般不再对其进行日常巡视监察。对不参加劳动保障年审的企业，将按有关规定进行严肃查处。对年审中被定为 C、D 级的企业，将作为重点监察单位。在省、市有关部门征求评选评优意见时，提出否定意见。

2008 年 7 月，宁波市出台了《宁波市和谐企业（社会责任）评价指标体系》该体系以企业发展、劳动关系、环境关系、社会关系、企业文化和一票否决"五加一"为基本框架，由五大类一级指标和 37 项二级指标构成，以此作为评价市级和谐企业的基本依据。市级和谐企业要做到"全面发展"，五个方面缺一不可，包括：企业发展、劳动关系、环境关系、社会关系、企业文化等。

（三）长三角地区政府推进企业社会责任的特点

由于地方经济发展状况有所差别，社会文化环境有所不同，长三角各地区政府推进企业社会责任的政策和举措呈现出了各自的特点。从目前来看，地方政府推动企业社会的驱动力还主要来源于解决目前地方政府在经济和社会发展过程中面临的一些亟待解决的问题上。例如，上海市浦东新区作为我国改革开放的窗口和现代化建设缩影，在深入推进综合配套改革试点的过程中，出台了推动企业履行社会责任的三大政策，通过政策性措施的实施，把构建企业社会责任体系、推动企业履行社会责任作为综合配套改革、转变政府职能、构建和谐社会的重要举措，以推动了区域经济的发展，提升区域责任竞争力。再例如，常州、宁波等地，集中了大量劳动密集型和出口型的企业，面临着农民工安置、国际采购商验厂等企业社会责任相关问题，这促使其政府调整了发展战略——从以忽视社会和环境利益为代价追求发展的战略转变为经济、社会和环境平衡发展的战略。整体上来说，地方政府推进企业社会责任建设还存在一些共性的特点：

1. 结合地方实际，探索创新，制订推进履行企业社会责任的相关标准和政策来促使企业履行社会责任

长三角地方政府推进企业社会责任的成功经验已经证明了政府从法律法规、政策角度参与推动企业履行社会责任的必要性和有效性。各个地区出台的有关企业社会责任的各项法规、政策、标准、指引等都是通过发挥地方政府在推进企业社会责任建设过程中发挥主导作用来实现的。随着企业社会责任运动在中国的蓬勃发展，越来越多的地方政府将参与到推进企业社会责任发展的过程中来，以制定和出台政策为主要措施，并在政策的指导下采取具体的行动以提高地方企业社会责任水平。

2. 地方政府的相关政策的针对性和有效性逐步加强

政策的针对性和有效性已经成为地方政府在制定企业社会责任政策过程中着重考虑的因素。通过吸取已有地方政策的经验，同时针对不同地区所面临的社会、经济和自然条件，企业社会责任政策的制订将更加具有针对性。地方政府可以通过企业社会责任政策的制定和实施，解决当地的一些实际问题。例如，宁波市出台的《推进企业劳动保障社会责任建设实施企业劳动保障年度书面审查办法》，主要针对的就是企业遵守《劳动法》、《劳动合同法》等法律法规的自觉性还不够，在履行劳动用工、职业培训、劳动合同等劳动标准方面所应承担的责任还不够。企业社会责任政策需要能够引导地区企业自觉地履行社会责任发展，切实为企业履行社会责任创造条件并提供帮助。例如，上海浦东新区出台的三个政策文件，不仅仅是为了企业履行社会责任的营造良好氛围，更重要的是，能够切实为企业履行社会责任提供可操作性的方式方法，也提出了具体的可检验的工作目标。只有这样的政策文件，其有效性才能大大提高。

3. 地方政府通过多样化的措施，积极引导企业履行社会责任，并形成企业履行社会责任的长效机制

仅仅通过制定政策还不能有效地引导企业履行社会责任，还要在政策的基础上，采取各种措施引导企业履行社会责任。例如，常州市出台《常州企业社会责任标准》，一方面规范企业履行社会责任，另一方面，通过由政府设立企业社会责任奖，优先享受政府相关优惠政策等，鼓励企业履行社会责任，同时出台相关惩罚性措施，限制企业不履行社会责任。这样，就实现了措施鼓励与惩罚并重，自愿与强制相结合，法律、经济、行政、社会多种手段，利益相关各方参与的推进机制。随着越来越多的地方政府参与推进企业社会责任，地方政府的企业社会责任措施将向着更加多元化的发展，体现出多样性的特点。政府所采取的这些措施还要逐渐向常态化、制度化的方向演变，最终形成促进企业社会责任发展的长效机制。

（四）长三角地区政府推进企业社会责任的局限性

需要指出的是，虽然长三角各地政府推进企业社会责任的政策机制已经取得了一些初步的成效，然而，由于目前各地认证标准繁多，且多从各地实际情况出发，内容不同，并表现出较强的政府绩效考核导向，因此政策的规模化效应依然不十分明显。主要表现在以下几个方面。

1. 区域内地方性企业社会责任标准繁多，且不能相互认可，为企业经营和管理带来了诸多不便

目前看来，长三角区域内已经形成的地方性企业社会责任标准有《上海市企业社会责任标准》、《杭州市企业社会责任评价体系》、《无锡新区企业社会责任导则》、《常州市企业社会责任标准》、《宁波市和谐企业（社会责任）评价指标体系》等若干个地方性企业社会责任标准。仔细研读比较，不难发现这些标准涵盖的内容基本相似，主要是涵盖企业

的产品责任、用工责任、环保责任、安全责任、公益责任等。但是由于各地经济发展情况和产业格局有所不同，各地政府对产业发展和企业要求的侧重点也有所差异，因此各个标准的内容描述和分类有所不同，这就导致了企业在不同的地区要受到不同的标准约束。加之这些标准目前还不能相互被认可，这就为区域内企业经营管理带来了不便，降低了区域经济合作的效率。

2. 地方政府绩效评价的标准直接影响了企业社会责任的推进力度

由于目前对政府的绩效评价考核主要依然以经济指标为中心，这就直接导致地方政府更加注重当地企业的经济效益和税收，即使在设定企业社会责任标准的过程中，地方政府依然会在尽量不影响企业经济效益和税收的情况下，设定相关的社会责任标准。这样做在有些情况下难免会与企业社会责任标准建立的初衷有所违背。地方政府作为企业社会责任的重要推动力，作为市场的监管者和守夜人，其角色必须处于中立者、裁判者的位置。因此，改变政府的绩效评价考核体系十分必要。当前，一方面，应该尽快改变现有的政绩考核标准，确立环保、民生、人权保护等非经济性指标，将企业社会责任的要求转变成为政府绩效评估的有机组成部分；另一方面，应该积极引进多方评估主体，包括社会公民、企业、非政府组织等，对政府推进企业社会责任的政策绩效进行全面评估。通过这样的机制，迫使政府关注企业社会责任，积极出台政策措施推进企业社会责任，更加有效地监督企业社会责任的实施。

3. 企业社会责任评价标准导向的不一致影响了区域产业结构布局和长三角整体发展战略

制度的一体化是区域一体化过程中最为核心和重要的内容。欧盟一体化的核心就是一系列一体化的制度和条约。如何能实现制度一体化，关键在于：各个成员主体发现能实现共赢的领域，研究、磋商、找到一个共赢的目标、实现路径并付诸实施。长三角地区经过多年的发展，经济发展速度和水平都在全国保持前列，尤其是民营企业发展在全国具有较强的示范性作用。然而，由于缺乏统一的规划和布局，长三角各地区间产业重复建设、恶性竞争、资源浪费等现象依然严重，并没有形成良好的产业资源优势互补的格局。各地的企业社会责任标准并没有结合区域产业布局和发展战略来考虑，缺乏引领性的指导作用。应该从长三角整体发展战略、区域功能、产业布局层面来思考企业社会责任建设，从制度建设层面来统一企业社会责任评价标准，从而使两者相得益彰，相互促进。

三、长三角地区政府合作推进企业社会责任的模式分析

通过上述分析可以看出，长三角区域内地方政府各自推行企业社会责任标准，在一定程度上促进了地方企业社会责任的发展，但是由于地方标准分散，缺乏统一的协调和管理，区域内企业社会责任发展程度并不统一，也给企业的跨区域经营管理带来了不便，降低了资源配置的效率。因此，有必要建立长三角地区政府间合作推进企业社会责任的机制。

对长三角政府间合作的研究发现，当前长三角地方政府合作的主要困境有三：一是议而不决，决而不行。政府每年的协调会所讨论的议题与过去曾讨论过的议题有高度相关性，年复一年召开协调会签订的合作协议执行情况和效果无人问津；二是缺乏有效的法律约束，地方政府间签订的合作协议因缺乏法律约束力致使各地在很多政策方面仍是恶性竞争；三是中央政策缺乏强有力的宏观政策支持和制度创新来破解政府合作存在的体制障碍。[①] 出现这些困境的原因主要在于以下三个方面：一

---

① 参见陶希东：《转型期跨省都市圈政府间关系重建策略研究》，《规划研究》2007年第 9 期。

是区域合作中共同利益和地方利益的博弈，二是非制度化的合作协调机制缺乏约束力和稳定性；三是非功能性的区域合作和协调组织形式松散，权力有限。这些原因导致了区域间政府合作的效率不高，成效有限。

对于企业社会责任而言，目前长三角各地政府都已经意识到企业社会责任在保障劳工权益、保护消费者利益、优化产业结构、保护环境等方面的积极作用。从区域合作角度而言，企业社会责任的政府间合作能够增强各方利益，促进区域共同发展。正如美国总统奥巴马在上任前发表的演说中指出的那样"我上任之后，哪个州长能够推动新能源发展，他们就会成为白宫的合作伙伴；哪个企业投资清洁能源，他们就会成为华盛顿的联盟者；哪个国家愿意加入到应对气候变化的危机中来，他们就将成为美国的同盟"。

从长三角地区政府间合作推进企业社会责任的模式而言，我们认为，鉴于长三角各地对企业社会责任的理解、认同和接受度较高，且部分城市已经形成了企业社会责任标准或评价体系，并具有了较为成功的实践，因此，区域层面上应重在形成协商协调机制，从区域经济发展战略和现实出发，统一规范企业社会责任标准，协调各方在区域发展战略布局上出台相应的政策措施来推进企业社会责任建设。从组织机构上而言，可以由现有的长三角城市经济协调会来承担这一职能。通过相关研究机构的专题研究报告，将"长三角政府间合作推进企业社会责任"这一专题纳入会议讨论议题，并形成相应的具体方案，由会议常设机构负责具体操作实施。

四、长三角地区政府合作推进企业责任的机制建设

在率先实现长三角区域一体化过程中，经济、社会的一体化必须要

有制度一体化作为保证。对长三角地区政府而言，要有效推进企业社会责任建设，必须要合力共同推进相应的制度建设。本文以为，这些制度建设主要包括以下几个方面：

(一) 设立长三角地区企业社会责任统一评价体系，为长三角政府间合作推进企业社会责任搭建制度平台

根据企业社会责任的内涵，企业社会责任应该是企业对顾客、员工、供应商、社区等利益相关方所负有的相关责任。结合长三角地区产业发展格局和企业社会责任履行现状，我们认为，应该设立长三角地区企业社会责任统一评价体系，主要关注产品责任、用工责任、环境责任、诚信责任和公益责任等几个方面，每一个方面都有具体的内容和指标体系（详见下表）。

表1　长三角地区企业社会责任统一评价体系

产品责任	对消费者的责任	质量保证	产品质量安全
			产品质量持续改进
		售后服务	售后服务
			消费者权益保障
			消费者投诉和意见回应
			产品、服务追踪
用工责任	基本权益	劳动合同执行情况	劳动合同内容的完备性
			劳动合同签订率
		员工收入	执行最低工资收入情况
			按时、足额发放工资收入状况
			员工工资收入平等协商机制
			员工工资收入与企业效益同向变化情况
		保障和保险	社会保险缴纳情况
			员工补充保险缴纳情况
		弱势群体权益保护	女工与未成年工保护
		休息的权利	工作时间合法性

续表

			安全生产宣传培训
用工责任	安全生产	安全生产管理	安全生产管理制度
			安全检查事故管理
			特种设备安全
	职业健康	健康防护体系	工作环境管理
			健康体检
		职业病防治	职业病危害告知
			职业病发生率
			职业病防护控制体系
	员工发展	教育与培训	是否有员工培训计划及其执行情况
		员工民主参与	员工民主参与渠道与机制
		共享发展成果	员工工资收入与企业效益同向变化情况
		工作与生活的平衡	倡导员工工作与生活的平衡情况
环境责任	环境保护	环保投入	环保投入情况
		环境影响评价	环境影响评价报告情况
		清洁生产	执行清洁生产标准情况
			产品环保设计
		污染物排放	污染物排放达标状况
		生态保护	环境污染事故发生状况
	资源节约	资源节约使用	资源节约措施及实施情况
		废物利用	废物回收、利用及再生利用情况
	环境绩效管理	环保管理体系	是否具有完备的环保手续
			环境管理制度、体系及实施
			申请并通过相关认证情况
		环境监测和预防	环境质量和环境事故的监测与预防情况
		环境管理创新	环境管理创新成果的借鉴与技术改进情况
		企业对社会的环境贡献	参与社会环境事业情况
诚信责任	对政府的责任	诚信表现绩效	工商年检
			工商信用评价
			是否有贿赂政府部门或个人的行为发生
		财会纳税管理	发票票据管理制度
			财务会计管理制度
		纳税表现绩效	纳税（缴费）情况
			纳税信用评价

续表

诚信责任	对商业伙伴的责任	合同履行	商业合同订立、履行情况
		知识产权	是否有侵犯知识产权行为发生
		公平竞争	是否有不正当竞争行为发生
		责任采购	采购时是否关注社会责任
		商业秩序	维护和促进良好商业秩序情况
	对股东的责任	股东回报	资本获利水平
			是否考虑中小股东利益
		信息披露	信息披露的及时性、真实性、完整性
	管理者责任	对管理者的制约	对管理者的约束制度及实施情况
		管理者职业操守	管理者的守法情况
公益责任	慈善事业	慈善活动	参加公益慈善活动
			公益慈善投入率
		帮扶救助	帮扶与共建活动
			残疾人就业比例
	公益活动	社区活动参与	社区活动参与情况
		企业志愿者发展	企业志愿者发展情况
		弱势群体关怀	对弱势群体的关注情况
		教育推进	支持教育事业发展情况
		公共关系	公关沟通机制及实施

需要指出的是，上述评价体系只是列出了企业社会责任评价的各项指标，对于各项指标的具体考评，则需要有相应的打分方法和测量工具来进行计算，设计到一些统计和计算方法，在这里不再详细论述。

（二）运用税收等政策措施，采用多种方式综合推进企业社会责任

在市场经济社会，政府运用财政、税收等经济手段来干预经济，是最为合法、最为有效的方式。以企业社会责任为例，国外政府通过绿色税收、环境税等方法推进企业社会责任的方法就十分有效。绿色税收，又称环境税收。是指为了实现保护环境、筹集环境保护资金和经济、社会、生态的可持续发展，对破坏环境的行为进行调节而征收

的税。① 按照课税客体的不同，绿色税收可分为两类，即环境污染税和环境资源税。但从目前世界各国的税收实践看，具体开征的环境税包括三种类型：以污染物排放量为标准而征的排污税；对商品或服务课征的原料税；为保护环境，筹集资金的而征的专项税。从绿色税收的功能看，环境税收是国家在环境管理中所运用的重要的经济激励与约束机制，它通过发挥税收的行为激励和约束职能，使环境污染和生态破坏的社会成本内化到生产成本和市场价格中去，再通过市场来分配资源，最终实现控制环境污染和改善环境质量的环境政策和法律目标。

发达国家的绿色税收大多以能源税收为主，且税种多样化。以荷兰为例，政府设置的环境税有燃料税、水污染税、土壤保护税、石油产品税等十几种之多。总的来说，发达国家的绿色税种根据污染物的不同大体可以分为五大类：废气税、水污染税、噪音税、固体废物税、垃圾税。同时，政府将税负逐步从对收入征税转移到对环境有害的行为征税。以丹麦、瑞典等北欧国家为代表，这些国家通过进行税收整体结构的调整，将环境税税收重点从对收入征税逐步转移到对环境有害的行为征税，即在劳务和自然资源及污染之间进行税收重新分配，将税收重点逐步从工资收入向对环境有副作用的消费和生产转化。通过这样的方式，政府直接通过税收手段就对企业的环境破坏性行为进行了有效规制，具有明显的低成本、高效益的特点。

从长江三角洲实际情况和西方国家区域合作的时间来看，区域政府合作机制要得以真正建立，需要在中央政府、地方政府和市场中介组织三个层面上，形成制度性的组织机构，实行多层面的协调互动。在税收问题上，尤其需要中央政府层面给予高度的重视和支持。我国最早于1982年根据国务院颁布的《征收排污费暂行办法》对工业企业超标排放的废水、废气和废渣征收排污费，后来，陆续开征包括原油、天然

① 参见何敏：《对建立"绿色税收"制度的思考》，《德宏师范高等专科学校学报》2006年第1期。

气、煤炭、其他非金属矿原矿、黑色金属矿原矿、有色金属矿原矿和盐在内的资源税征，但由于其征收范围较窄，标准偏低，征收依据不合理、征收管理乏力，难以刺激企业和个人对应税和非税资源的破坏性开采和使用。目前，要尽快推进建立环境税框架。① 首先，根据绿色税制的要求，对我国现行税制进行微调，特别是调整增值税、消费税、所得税、关税、资源税的有关政策规定。其次，推行费改税，将原先具有收费功能的收费改为环境税或能源税。最后，开征独立的环境税和能源税。在费改税之后，我国将开征独立环境税，如产品污染税、垃圾税、噪音税、二氧化碳税、二氧化硫税和能源税等。同时，要坚持税收约束与税收激励并重，注重发挥环境税的激励机制，减轻各方压力。例如，政府与企业签订合约，对于达到环境保护要求的企业给予税收优惠或者减免政策。此外，政府也可运用政策优惠手段，减少或免除低收入者和特定行业的税收负担。

（三）共同致力于推动产业链共同分担企业社会责任成本

由于资源禀赋、经济发展水平的差异，在目前的国际贸易分工中，发展中国家以其丰富的自然禀赋资源、廉价的劳动力优势、优惠的投资政策环境等优势包揽了产品的生产、加工环节，而产品的研发、设计、销售、消费等环节主要位于发达国家。也就是说，发展中国家处于整个产业链条的低端，是资源消耗、环境污染频发地；而发达国家则处于整个产业链条的高端，享受着廉价的产品、服务，并利用国际分工优势将环境污染和能源消耗转移到了发展中国家。发展中国家为控制环境污染，增加了巨额生产成本，而发达国家一方面享用其不可或缺的廉价进

---

① 参见陈少强、蔡晓燕：《发达国家的环境税及对我国的启示》，http://news.xinhua-net.com/theory/2008-05/05/content_8106825.htm，2008 年 11 月 7 日访问。

口产品，另一方面却指责发展中国家污染环境。这就是目前经济全球化中企业社会责任的现状，也是长三角、珠三角等经济外向型区域推动企业社会责任共同面临的困境难题。

　　企业承担社会责任，从表面上看是企业对自身单纯追求利益最大化目标的一种修正，体现了对企业利益相关方（尤其是除股东之外的其他利益相关方）的一种关怀；实际上是企业将原来仅仅属于股东的"剩余索取权"在一定程度上让渡给了其他利益相关方（包括为节省能源、治理污染所支付的成本，都是对企业"剩余索取权"的一种让渡）。当然，这种"让渡"实现的前提是，股东所享有的"剩余索取权"足够为其他利益相关者分出一杯羹，否则，企业本身的生存都无法持续，社会责任的承担也就失去了基础。那么，在发展中国家生产的十分廉价的商品中，是否真的还有足够的空间来支付这些成本呢？让我们来看一看。

　　以中国第一民企大市温州为例，其打火机的总量虽占世界市场70%以上，但在欧洲，温州产的打火机只能卖到2欧元一只，同样的打火机外国人买回去贴上牌子再拿到欧洲去卖，价格都在200欧元以上。作为全国出口重镇的宁波，从电器、服装到打火机，2004年共向100多个国家和地区出口了价值120.6亿美元的上百类商品，尽管总量大，但出口产品多为代加工等处于产业链条底部的业务，大部分出口商品的利润率均低于10%，有的甚至不到5%。再如在苏州由中国企业贴牌生产的芭比娃娃，一个芭比娃娃在美国市场上的价格是10美元，但在中国的离岸价格却只有2美元。这2美元还不是最终利润，其中1美元是管理费和运输费；剩下的1美元中，0.65美元用于支付原料费用，最后剩下的0.35美元，才是中国企业所得。①

　　由此可见，处于产业链低端的发展中国家，由于发达国家对商品价格的极度挤压，加之"廉价劳动力"这一"优势"在新兴发展中国家之

---

① 参见傅白水：《民企如何突破全球产业链中的"民工"身份》，《中国改革（综合版）》2005年第5期。

间的竞争压力，其生产商品的利润已经十分微薄，在很多情况下，甚至已经威胁到企业的生存。2008 年颁布的《劳动合同法》对我国很多中小企业的严重打击就是最好的实例。这样看来，让发展中国家的企业来承担这部分企业社会责任的成本是不合理，也是不现实的。正如英国《金融时报》2005 年 4 月 26 日的社论所指出的，"中国存在劳动力剥削的根本原因在于中国是个穷国。要着手解决这一问题需要花钱。在中国提高生产力前，这笔费用只能靠更高的商品价格来支付。西方消费者不应该指望既享受超廉价的商品，又能心安理得。"

不履行企业社会责任，面临的是以企业社会责任为"壁垒"的产品出口的重重限制，乃至于企业的生死存亡；要履行企业社会责任，这份成本很可能就得用自己本已羸弱的肩膀独自扛起，其结局也可能是被压垮。这就是发展中国家企业面临的社会责任困境，这也是国际分工格局下产业链上下游国家之间企业社会责任承担方式的难题。笔者认为，解决这一问题，长三角地区政府合作应该在此领域大有所为，在对外贸易和国际合作分工中宣传、呼吁产业链上的各国共同分担企业社会责任成本。

首先，呼吁国际社会达成共识，国际分工条件下企业社会责任的完整落实有赖于整个产业链各利益相关方的合作。发展中国家追求经济发展所依靠的丰富自然资源、廉价劳动力等资源禀赋，一方面可以说是发展中国家的竞争"优势"，而另一方面，从某种程度上说也是为追求经济增长所付出的巨大的代价。发达国家从国际贸易中获得了廉价的商品和服务，而发展中国家却在为这种巨额的代价埋单，这是不合理的。改善全球的贸易环境，保护人类共同的环境家园，提高全人类的生活福祉，需要全世界人民的共同努力，需要发达国家与发展中国家携手合作，一同来改变现状。发达国家需要分担下游发展中国家的企业社会责任成本。

其次，处于产业链高端的发达国家不能对发展中国家的产品价格无限制地压低。发达国家分担发展中国家的企业社会责任成本，最好的方式就是通过价格补偿机制来实现。跨国公司在进行全球采购时，不能再以产品的价格为最主要的谈判筹码，必须适度提高产品采购价格。要求中国企业承担起自己的社会责任，就必须给中国企业履行社会责任的成本空间。不能既享受着廉价的产品，又以社会责任为标准来指责发展中国家，并在生产商之间、发展中国家之间掀起更为白热化的"自杀式"竞争。

最后，发达国家要在促进技术革新、产业升级、能源环保等方面支持发展中国家履行社会责任。发展中国家要想改变目前主要的社会责任问题，最重要的就是要实现产业升级，将目前的资源密集型、劳动密集型产业升级为技术密集型产业，因为依靠自然资源和廉价劳动力获得经济增长的方式终究不是一种可持续的路径依赖。21 世纪以来，中国许多沿海城市尤其是长三角地区已经开始逐步推动产业转型和技术升级。这是一个漫长的过程，也是一个艰辛的过程。发展中国家需要自主创新、自谋生路，也需要在国际经济合作中得到发达国家的支持与帮助。支持发展中国家履行企业社会责任，对于发达国家而言也是一种双赢的选择。

五、与非政府组织合作共同推进企业社会责任建设

（一）非政府组织在推进企业社会责任中的作用

非政府组织的产生主要来自于社会结构的变化和政府治理方式转变的需要，它是一国和一个市场经济体制中的一个重要的组成部分，它是连接政府、经济主体等多方交流的桥梁和纽带，是沟通协调各方关系、

提供相关服务的机构。由于非政府组织自身的特点、职能和使命，决定了它们作为社会公共利益的主要维护者之一，对于企业在环境保护、劳工权益、消费者维权等领域往往给予了广泛的关注与保护。因此，非政府组织是在全世界得到广泛承认的推动企业社会责任发展的关键动力，在推进企业社会责任运动中可以发挥战略咨询、社区互动、环境保护、监察活动等作用，促进企业社会责任的实现。政府与非政府组织合作是实施推动企业履行社会责任的有效途径。根据非政府组织本身所具有的影响决策、协商治理、社会监督、服务提供四大功能，笔者认为非政府组织在推进企业社会责任方面主要发挥以下主要作用：

1. 推进企业社会责任标准建设

企业社会责任标准的建设，既需要符合国家相关法律法规和政策规定，又需要体现本行业、本地区的实际特点。这样的标准制定，既需要有一定的专业知识背景，又需要充分体察民意，了解企业的实际情况。由于非政府组织往往具有一定专业性，其部分成员长期关注某一领域的研究，其意见和建议往往具有一定的理论和实证作支撑。如在关于跨行通存通兑手续费收取的争论中，一些消费者协会、律师协会的成员，能够从经济学和法律的角度去分析问题，界定出这项服务的受益人，从而对手续费的收取能够有较为明确的分析，找出其真正的责任主体。加上这些非政府组织成员其对同行业现实状况的了解，更有助于他们为本地区本行业的企业社会责任标准提出很有价值的意见建议。非政府组织的积极参与，能够有效地推进企业社会责任标准的建设。

2. 宣传倡导企业社会责任

非政府组织在倡导企业社会责任，影响企业行为方面发挥着积极的作用。在企业社会责任的理念宣传方面，非政府组织通过积极的社会舆论倡导，使企业和公众对社会责任的真正含义、功能作用、实现机制有更为科学的了解，促进全社会共同关注企业社会责任的履行。在法律制定和社会责任标准制定过程中，非政府组织积极听取民意，通过各种渠道将特定团体的利益诉求和政策主张传达给立法者和政策制定机构，影

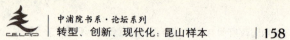
响法律和政策的制定过程，谋求实现真正的社会公共利益。在企业社会责任履行过程中，非政府组织通过对公众观念的引导，以及法律政策的宣传，对企业行为产生影响，使其主动自觉地履行社会责任。

3. 监督社会责任履行状况

由于非政府组织的独立性、专业性、组织性，其往往成为监督企业社会责任最主要的力量。非政府组织通过对企业行为进行调查，及时揭露企业社会责任缺失的实例，并通过社会舆论、行业规制和市场自身的调节来对企业行为进行约束，对企业社会责任的履行进行有效的规范。非政府组织还有可能承担起"第三方认证"的角色，对我国企业的社会责任标准进行评估。同时，对市场上企业社会责任履行状况好的企业，非政府组织也及时地予以公布和表彰，为社会树立榜样，从而更有效地推动企业社会责任的发展。

实践中，国外的企业社会责任运动主要是通过非政府组织发起和展开的，政府部门十分注意运用非政府组织的力量实现政府推进企业社会责任的目标。例如，积极推动企业社会责任的英国查尔斯王储身兼 The Prince's Charities 主席、"商业在社区中"、"国际商业领导人论坛"、"公正商贸联盟"等多家 NGO 的主席。在政府的推动下成立了旨在推行企业社会责任的组织，比较知名的国际机构有：商界之声——英国工商联、社会责任指数——富思公司、国际商业领袖论坛、乐施会（Oxfam）、可持续发展委员会（Sustainable Development Commission）、世界未来协会（World Future Council）、商业在社区、AA1000 社会道德责任协会等。这些非政府组织，在英国推进企业社会责任中都在其中发挥了重要作用。"企业在社区"运动、"企业在英国"运动等社会性组织经常通过举办宣传活动和召开研讨会等形式，通过讨论、交流和探讨，使企业认识到企业社会责任是企业发展的动力，而不是额外负担，起到了较好的作用。

美国政府通过与非政府组织展开合作，加强对企业社会责任的监管。美国注册公众会计师协会（AICPA）成立的"特罗布鲁德委员会"

（Trueblood Committee），在 1973 年提出的财务报表目标中，规定财务报表的目标之一是报告能确定、阐述并计量能够影响社会的企业活动，揭示企业的社会责任信息。到目前，美国对企业社会责任会计基础理论的探讨已有较大发展，如社会责任会计目标和会计概念，包括具体的计量方法和报表准则等。[①] 美国社会责任商会（BSR）成立的宗旨就是要求企业追求以尊重道德、人类、社会和环境的方式获得商业成功。美国会计学会（AAA）要求企业在年报中披露社会责任活动业绩、人力资源、社会费用及企业活动对社会的影响信息，加强对企业的监督。消费者协会作为一个非营利性的产品检验组织，在监督公司对消费者承担责任问题上也发挥着非常重要的作用。正是由于政府的干预和消费者协会的推动，促使美国的一些公司在对消费者的责任承担上采取了正确的态度。

瑞典的商会、协会等中介组织在推进企业社会责任方面比较活跃，瑞典政府积极通过这些中介组织鼓励和支持企业履行社会责任。协会在推进企业履行社会责任方面主要起两个方面的促进作用。一方面，协会要求其会员企业履行企业社会责任，另一方面在企业制定和实施企业社会责任的制度、规章等方面提供咨询，给予积极支持。例如，瑞典最大的企业协会瑞典企业联合会明确要求其会员企业，无论是跨国公司，还是中小型私营企业，必须遵守有关企业社会责任的准则；还比如，瑞典纺织协会协会为支持会员进口业务，组织了解亚洲纺织生产企业的社会责任履行情况，帮助其解决问题，并对零售商进行解释工作。

在国内，专门从事企业社会责任的中介组织并不多，主要的还是一些商会或协会，比如中国纺织品协会，上海中小企业联合会等，在协助推进企业社会责任。在中国政府的积极推动下，越来越多的企业社会责任中介组织在不断成长壮大。早在 2005 年，浙江省宁波市私个协会就启动了"宁波市万家私营企业社会责任工程"，倡导私营企业把个人富

---

① 胡孝权：《企业可持续发展与企业社会责任》，《重庆邮电学院学报》2004 年第 2 期。

裕与全体人民的共同富裕结合起来，把遵循市场规则与社会主义精神文明建设结合起来，倡导企业在赚取利润的同时，主动履行对环境、社会和利益相关者的责任。计划用 3—5 年时间，通过开展"私企阳光"助学、失业人员再就业招聘会、企业信用工程、救灾扶贫等主题活动，带动私营企业积极回报社会。仅 2006 年上半年，全市参与社会责任工程的私营企业就达 1.8 万家，各级协会共举办下岗职工再就业、失地农民就业等招聘会 112 场次，通过招聘会签订劳动合同 35.6 万份，私营企业共为社会公益事业捐款赠物折合人民币 5949 万元。[①] 为了引导外商投资企业积极参与社会公益事业、践行企业社会责任，2006 年宁波市政府授予 50 家外商投资企业为"2005 年度宁波市外商投资社会责任先进企业"；2007 年，授予 20 家外商投资企业为"2006 年度宁波市外商投资社会责任先进企业"。

（二）长三角地区非政府组织与政府合作
推进企业社会责任的主要机制

鉴于我国目前的国情，政府要在对企业社会责任进行宏观管理引导的基础上，大力发展非政府组织，充分放权，使各类非政府组织在各自职能的基础上，负责对企业社会责任的标准建设、评价监督、信息反馈等工作。就长三角地区而言，非政府组织发展具备着天然良好的条件和独特的发展优势，政府应着重在以下几个方面加强与非政府组织的合作，共同推进企业社会责任建设。

1. 大力培育和发展非政府组织

在非政府组织的设立上，由于在我国现行的法律和政治框架内，结

---

① 参见宁波市私营个体劳动者协会：《齐奏和谐主旋律 宁波万家私企积极投身社会责任工程》，《中国工商报·非公经济》2006 年 10 月 20 日。

社和信息传播都受到一定限制，对非政府组织管理体制是双重管理，《社会团体登记管理条例》明确规定，由登记管理机关和业务主管单位分别行使对社会团体的监督管理职能。也就是说，非政府组织要合法地开展活动，除了在民政部门登记注册接受管理外，还必须找到一个政府机构作为"业务主管单位"，负责对其日常活动的指导监督。① 因此通过合法渠道取得法律地位的非政府组织大多数是有深厚的政府背景或是有党政系统成立的所谓非政府组织，都直接或间接地受到政府的管理和影响。这严格限制了非政府组织的规模和发展速度，大量比较活跃且有着民众和社会基础的、获得现实的社会合法性的民间组织，被拒之于民间组织合法框架之外。有学者因此指出："在中国用'自下而上'的方式推动企业社会责任发展的空间是有限的。"② 这就需要我们在法规政策层面上对非政府组织的设立和运作进行更为现实和合理的规定，为非政府组织进一步的发展创造良好的制度环境和成长空间。

在财力支持上，应给予非政府组织充分的支持。非政府组织要展开各种活动，必须具有充足的资金支持，资金短缺或不足必然会造成非政府组织的独立性的缺失。目前，我国的某些协会既得不到部门的财力支持，又没有融合于行业之中，得不到行业会员的支持，几乎没有什么活动。有的协会依附部门的权力，进行协会创收，或者将部门的一部分收费权力下放，向企业收费，但是没有给企业和会员提供应有的服务，成为企业的负担。应该认识到，仅仅依靠政府的力量不可能触及到企业社会责任的方方面面，我们需要支持鼓励非官方企业社会责任相关组织的

① 参见秦昊扬：《中国非政府组织监督机制——"官民二重性"语境下的分析》，《社科纵横》2008 年第 4 期。

② Nick Young, Three "C" s; Civil Society, Corporate Social Responsibility, and China, The China Business Review , Jan. -Feb. 2002, available at http://www. chinabusiness-review.com/public/0201/young. html; Yong-nian Zheng, Why China Lacks the Right Environment for Corporate Social Responsibility, The University of Notting-ham, China Policy Institute Briefing Series, issue 6 (2006), pp.7-11. 转引自张宪初：《全球视角下的企业社会责任及对中国的启示》，《中外法学》2008 年第 1 期。

发展，并为它们提供资金支持，加强与它们的合作和交流，让企业社会责任运动渗透到更多的领域。

2. 推进企业社会责任标准建设

在企业社会责任领域，由非政府组织制定的各种软法性标准和守则已成为其主要的规范渊源之一。例如，非政府组织"社会责任国际"联合其他组织和公司于 1997 年共同制定的 SA8000 (social accountability 8000)，是目前影响最大的非政府组织标准之一。该标准主要涉及劳工权益保护领域有关童工、强迫性劳动、健康与安全、结社自由与集体谈判权、歧视、惩罚性措施、工作时间、工作报酬及管理体系等九个方面的内容，是全球第一个可用于第三方认证的社会责任国际标准。政府在企业社会责任标准建设上，需要大力发挥非政府组织的作用，充分利用其知识水平专业化、沟通协调平行化、代言群体多元化的优势，有效推进企业社会责任标准建设。

同时，在推动企业社会责任的评价和认证上，也要发挥非政府组织的特有功能。非政府组织要在国家的宏观政策的指导下，根据国情建立符合社会利益需求和企业承担能力的、科学统一规范的企业社会责任评价认证体系，促进企业社会责任的标准建设。认证体系建立之后，非政府组织还要根据认证体系的要求，对企业履行社会责任的状况进行认真地审核和监督，并及时根据反馈情况对评价认证体系进行适应性调整，从而更好地履行其职能。

3. 共同监督企业社会责任履行

政府和非政府组织对于企业社会责任的监督，应该有着不同的定位和目标。政府监督企业社会责任，其重点在于企业对于各项法律法规和政策的执行情况，并通过加强执法、追究相关企业的责任；而非政府组织对企业社会责任的监督，主要表现在对企业社会责任的日常性监管上，通过行业协会、相关专业类型的中介组织对企业日常行为中的一些违反法律、社会公德的行为进行自发性的监督。由于其贴近民众、接收信息范围广等特点，非政府组织对于企业社会责任的监督往往涉及范围更广、发现问题更为及时。

目前我国的非政府组织在对企业社会责任的监督中，由于独立性缺乏，监督渠道比较有限。如，在和污染企业进行交涉时，环保民间组织最常用的方式是向政府部门反映，占68.6%；其次是与企业协商、谈判，占40%；采取诉讼等法律途径或集会、抗议等方式的很少。① 民间非政府组织的社会监督能力没有得到应有的发挥。同时，由于在法律层面上，现行有关非政府组织的专门立法非常有限，也比较分散和凌乱，主要体现为法规与规章，以及一些省市出台的关于行业协会管理的规范，层次较低。法律法规对非政府组织的正常活动行为保障不足，也对其监督市场的行为产生了很大的影响。

为了促使非政府组织更好地履行其社会监督的功能，应该大力提倡非政府组织的民间化，转变其过于依附政府的局面，鼓励其进行独立的管理和活动。要积极推进非政府组织管理体制改革，理顺政府与非政府组织的关系，从制度上保证非政府组织的独立性，确保其能够以独立的名义享有相应的权利，承担相应的义务和责任。同时，应该加强非政府组织的法制建设，从我国现阶段的实际情况出发，逐步制定系统配套的不同层次法律法规体系，并设置适应非政府组织健康发展的监督机构和执法机构，使非政府组织的活动真正做到有法可依，有法必依。只有完善的非政府组织法律法规体系，才能保障其正常的活动行为，使其监督行为合法有据，从而更好地推进企业和社会健康长足发展。

---

① 参见中华环保联合会：《中国环保民间组织发展状况报告》，《环境保护》2006年第5期。

城镇化进程中城乡居民社会养老保险制度的运行实践与政策关注[*]

余 佶

（中国浦东干部学院教研部副教授、博士）

一、引 言

　　2011 年末，我国居住在城镇的常住人口首次超过了居住在农村的人口，城镇化率突破了 50%[①]。同时，随着抚养比上升和人口红利的渐失[②]，截至 2011 年末全国 60 岁及以上人口达到 18499 万人，占总人口的 13.7%，其中 65 岁及以上人口达到 12288 万人，占总人口的 9.1%。在人口结构呈现城市化、老龄化同时加速的背景下，必须尽快建立并完

　　*本文属于【基金项目】国家社科基金青年项目"城乡基本公共服务均等化实现机制研究"（11CSH081）、中国浦东干部学院长三角研究院课题"城乡一体化发展中的公共服务均等化"（celap2009-per-16）的部分研究成果。

　　① 根据国家统计局发布的数据，2011 年，城镇人口比重达到 51.27%，与 2010 年相比，上升 1.32 个百分点，城镇人口为 69079 万人，增加 2100 万人；乡村人口 65656 万人，减少 1456 万人。城镇人口比乡村人口多 3423 万人。

　　② 由于生育持续保持较低水平和老龄化速度加快，15—64 岁劳动年龄人口的比重自 2002 年以来首次出现下降，2011 年为 74.4%，比 2010 年微降 0.10 个百分点。尽管未来几年会有小幅波动，但对劳动力供给问题需要给予更多关注。

善新型城乡居民养老保险制度。

　　历史上，我国社会养老保险制度主要涵盖国家机关、事业单位和国有企业以及区、县以上的城镇集体经济组织，即通常理解的城镇职工基本养老保险制度；其他城乡居民则长期被排除在社会养老保险体制之外。资料显示，2009 年我国 60 岁以上居民主要收入来源调查中，城市养老金收入占到其收入来源的 69.2%，在农村该指标仅为 4.5%（见表 1）。这意味着从社会保障角度，还有相当部分的城市居民和绝大多数农村人口的老有所养问题还远未解决。而且，伴随着工业化、城镇化进程的提速，如何解决部分城市无业城市居民、大量农业人口、2.3 亿的准城镇人口（绝大部分是从农村到城镇就业务工人员）以及 4000 万—5000 万失地农民 ① 等人群的社会养老问题已迫在眉睫。

表 1　2009 年我国 60 岁以上居民主要收入来源（%）

	劳动收入	养老金	低　保	家庭供养	其　他
全　国	35.5	24.9	2.9	34.4	2.3
城　市	7.3	69.2	2	19	2.3
农　村	50.7	4.5	3	39.9	2

资料来源：《中国人口和就业统计年鉴·2010》，中国统计局出版 2010 年版。

　　然而，各地实践表明我国养老保险"碎片化"现象严重。城镇职工基本养老保险、失地农民养老保险、农民工养老保险、最低生活保障制度等，呈现条块分割状态，既有关联，又缺乏衔接。

　　值得注意的是，随着 2009 年以来新型农村社会养老保险制度和 2011 年以来城镇居民社会养老保险制度试点的推开，试图涵盖城乡各

---

　　①　中国社科院发布的《2011 年中国城市发展报告》指出，随着中国城市化和工业化进程的加快，农村集体土地被大量征用，失地农民作为农民中的一个特殊群体，数量迅速扩大。当前，中国失地农民的总量已经达到 4000 万—5000 万人左右，而且仍以每年约 300 万人的速度递增，预估到 2030 年时将增至 1.1 亿人左右。据抽样调查，有 60% 失地农民生活困难。

类人群的多层次社会养老保险制度体系正在逐渐形成中。系统梳理城乡社会养老保险制度，分析运行中存在的问题并寻找转换、衔接的对策，对于完善、健全覆盖城乡居民的社会保障体系，保障和改善民生都具有重大意义。

二、现有城乡居民社会养老保险制度的运行实践

（一）新型农村社会养老保险制度基本情况

2007 年 10 月，党的十七大明确提出，加快建立覆盖城乡居民的社会保障体系。2008 年 6 月，人力资源和社会保障部在总结地方探索经验的基础上提出新农保政策思路。10 月，十七届三中全会决定："按照个人缴费、集体补助、政府补贴相结合的要求，建立新型农村社会养老保险制度"。2009 年 9 月 4 日，国务院办公厅发布《国务院关于开展新型农村社会养老保险试点的指导意见》，决定新型农村基本养老保险试点工作从 2009 年起开展。根据规划，将于 2020 年前全部实现所有农民都享有新农保。2010 年《"十二五"规划建议》又进一步提出到 2015 年要实现新型农村社会养老保险制度全覆盖。

1. 参保范围

新农保规定，新农保制度实施时，年满 60 周岁、未按月享受城镇职工基本养老保险待遇的农村有户籍老年居民，不用缴费，可以直接享受新农保基础养老金，但其符合条件的子女应当参保缴费。未满 60 岁，距领取年龄不足 15 年的，应按年缴费，也允许补缴，累计缴费不超过 15 年。距领取年龄超过 15 年的，应按年缴费，累计缴费不少于

15 年。

2. 筹资模式

新农保实行个人缴费、集体补助、政府补贴相结合的筹资机制。个人缴费目前设定 100 元至 500 元 5 个档次，地方可以根据实际增设档次，参保农民自主选择缴费。集体补助指有条件的集体对村民参保缴费给予适当补助，鼓励其他社会经济组织资助农民参保缴费。政府补贴是指地方政府对农民缴费给予财政补贴，补贴标准不低于每人每年 30 元。以上 3 项筹资，全部记入个人账户。

3. 待遇给付模式

新农保养老金待遇由基础养老金和个人账户养老金构成。基础养老金由政府全额支付终身，60 岁以后的农民能享受到国家普惠式养老金。目前中央确定的基础养老金标准为每人每月 55 元，地方政府可根据实际情况提高基础养老金标准。中央财政依此标准对中西部地区给予全额补助，对东部地区补助 50%。个人账户养老金，即个人账户累计储存额除以 139。如参保人死亡、个人账户有余额的，其中个人缴费和集体补助部分可以继承，政府补贴继续用于其他长寿老年人的养老金支付。

4. 激励机制

为激励农村人口参加新农保，新农保设置了五大激励机制：（1）即缴即补：地方政府对参保人缴费给予每人每年不少于 30 元的补助；（2）多缴多补：对选择较高档次缴费的适当提高补贴金额；（3）长缴多补：对长期缴费的适当增发基础养老金；（4）家庭联动：制度实施时，超过 60 周岁的农村居民直接享受基础养老金，但其符合条件的子女应当参保缴费；（5）特困特助：对重度残疾人等缴费困难的群体，地方政府代其缴纳部分或全部最低标准的养老保险费。

到 2011 年，新农保覆盖面达到全国 60% 的地区。

（二）城镇居民社会养老保险制度基本情况

城镇居民社会养老保险试点 2011 年 7 月启动。在此之前，中国养老保险制度体系包含了城镇职工基本养老保险制度和 2009 年启动的新型农村居民养老保险试点以及享有财政保障的退休金制度的公务员和事业单位人员。这几大制度之外，城镇的无业人员并无任何养老的社会保障[①]。从全民养老、人人都有老年保障这个目标上来看，城镇居民社会养老保险的建立是消除了制度上的最后一个盲点。

1. 参保范围

根据国务院印发的《关于开展城镇居民社会养老保险试点的指导意见》，将不符合职工基本养老保险参保条件的 16 周岁以上城镇非从业居民，纳入了社会养老保险范围，到 2011 年试点范围覆盖全国 60% 的地区，2012 年基本实现全覆盖。

2. 筹资机制

城镇居民养老保险实行个人缴费和政府补贴的筹资机制。个人缴费的最低标准为每年每人 100 元。对城镇重度残疾人等缴费困难群体，地方政府为其代缴部分或全部最低标准的养老保险费。考虑到城镇居民收入水平和缴费能力普遍高于农村居民，有多缴多得的需求，因此规定缴费标准从 100 元至 1000 元 10 档，比新农保多 5 档。统一合并实施城乡居民养老保险制度的地区，可以不分城乡，由参保人在多档中选择，"弹性"更强，有利于适应不同收入水平群体的需求。地方还可以根据实际情况增设缴费档次。政府补贴是地方政府对城镇居民参保缴费补贴的标准每人每年不低于 30 元。与新农保制度相比，城镇居民没有集体经济组织，因此不存在"集体补助"的筹资渠道，但是《指导意见》中

---

① 据人力资源和社会保障部农村社会保险司有关负责人介绍，全国尚未纳入基本养老保险制度的城镇居民至少有 5000 万人以上，其中 60 岁以上的老人约 2000 万人。

保留了"鼓励其他经济组织、社会组织、个人为参保人缴费提供资助"的规定，作为国家提倡的辅助渠道。城镇居民的个人缴费、地方政府对参保人的缴费补贴及其他来源的缴费资助，全部记入个人账户。个人账户实行实账管理。参保人员死亡，个人账户中的资金余额，除政府补贴外，可以依法继承；政府补贴余额用于继续支付其他参保人的养老金。

3. 待遇给付模式

城镇居民社会养老保险也实施两项待遇支付，即基础养老金和个人账户养老金。目前中央确定的基础养老金标准为每人每月 55 元；地方政府可以根据本地实际情况提高基础养老金标准。个人账户养老金的月计发标准为个人账户储存额除以 139（与职工基本养老保险及新农保个人账户养老金计发系数相同）。

城镇居民养老保险待遇领取年龄无论男女都是 60 周岁。在城镇居民养老保险制度实施时，已年满 60 周岁，未享受职工基本养老保险待遇以及国家规定的其他养老待遇的，不用缴费，可按月领取基础养老金；距领取年龄不足 15 年的，应按年缴费，也允许补缴，累计缴费不超过 15 年；距领取年龄超过 15 年的，应按年缴费，累计缴费不少于 15 年。

4. 激励机制

实行长缴多得，多缴多得，引导城镇居民积极参保。

由此，我国养老保险体系初步形成适应不同群体的制度平台，其中，职工基本养老保险制度是依法强制实施，由用人单位和个人缴费，缴费多，待遇相应高；而城乡居民的社会养老保险制度（包括新农保和城镇居民社会养老保险两种制度）实行自愿原则，个人（家庭）缴费，缴费较少，有政府补贴，待遇水平相对较低，是保基本、托底的制度。

城镇居民养老保险在制度设计上与新农保基本一致（参见表 2），实行社会统筹与个人账户相结合，有利于城乡养老保险关系的转移衔接，并为将来整合成统一的城乡居民社会养老保险制度预留了空间。

对灵活就业人员来说，可根据经济承受能力选择参加相应的养老保险制度，政府鼓励其优先参加职工基本养老保险，不具备参加职工基本

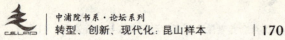
养老保险条件的，可自愿参加城镇居民养老保险和新农保。

表 2　当前我国城乡居民社会养老保险制度（不含城镇职工养老保险）构成

	新型农村社会养老保险制度	城镇居民社会养老保险制度
保障方式	社会统筹和个人账户相结合	社会统筹和个人账户相结合
保障对象	年满 16 周岁（不含在校学生）、未参加城镇职工基本养老保险的农村居民	年满 16 周岁（不含在校学生）、不符合职工基本养老保险参保条件的城镇非从业居民
全覆盖时间	2009 年开始，2015 年实现全覆盖	2011 年开始，2012 年实现全覆盖
筹资方式	个人缴费、集体补助、政府补贴	个人缴费和政府补贴，鼓励其他经济组织、社会组织和个人提供资助
支付方式	基础养老金和个人账户养老金	基础养老金和个人账户养老金
统筹范围	试点阶段，暂以试点县（区、市、旗）为单位管理	试点阶段，暂以试点县（区、市、旗）为单位管理
激励机制	即缴即补；多缴多补；长缴多补；家庭联动；特困特助	即缴即补；长缴多补；多缴多补；特困特助

三、现有城乡居民社会养老保险制度存在的问题与政策关注

随着试点的推开，目前两种城乡居民社会养老保险体制也暴露出某些特性和共性问题，如在政策设计上，仍然沿袭户籍制度为基础的参保划分思路，有违城镇化进程；地方财政压力较大；相关养老保险制度之间如何衔接；以及社保基金的运营管理等，亟待政策关注并解决。

（一）地方政府财政压力较大，需要提高统筹层次

无论是新农保还是城镇居民社会养老保险，在推开阶段，多是暂以

试点县（区、市、旗）为单位管理，都强化了县级地方政府责任。因此县级政府的财政支付能力与意愿决定了当前城乡居民养老保险制度建立的积极性与覆盖能力。

特别考虑到养老金水平还会根据经济社会发展和物价变动等情况适时调整，所以县级财政压力增大，特别是对于经济欠发达的中、西部来说，地方财政捉襟见肘，集体经济基本处于瘫痪状态，导致地方补贴与东部失衡，集体补助更是基本难以实现。因此随着试点扩大和推开，应逐步提高管理层次；有条件的地方也可直接实行省级管理。社保基金统筹层次越高，其抗风险能力和支付能力就越强。省级层面的统筹管理模式能够大大减轻区县财政压力，增强保障能力。

以重庆为例，基金采取市（省）级统筹、补助两级承担，确保长效运转。重庆给予参保人员每年30元的缴费补助，以及每月比国家规定高出25元的养老金，由市和区县两级财政共同承担。经济相对发达的主城区9区与市级按8：2比例承担，贫困区县与市级按3：7比例承担，其他区县与市级按5：5比例承担。区县承担的资金和征收基金全部按时上划市财政专户，发放养老金所需资金由市财政统一调拨、兜底，有效避免了个别贫困区县因财力不足难以维持的问题。

（二）与城镇化进程相适应，新农保需要明晰
参保对象并放弃捆绑式参保缴费模式

可以根据参保对象的职业特性，将新农保明确为"农民社会养老保险制度"，对进城务工人员和失地农民而言，可以进入城镇职工养老保险和城镇居民养老保险体系。

进城务工人员如果在企业参加了城镇职工基本养老保险，并且享受城保待遇，那就不用参加"新农保"；如果没达到享受城保待遇的要求，比如年龄偏大，累计缴费不满15年，则可以按有关规定，把城保的缴费积累转入"新农保"个人账户，按"新农保"的规定领取。对于被征

地农民的社会养老保险，则需要进一步明确被征地农民社会保险费用筹集方式及相应标准，建立被征地农民社会保险资金预存款制度。并根据城市规划区内外和被征地农民就业、年龄状况等不同情况，按照社会保险相关规定，将被征地农民纳入相应的职工基本养老保险、新型农村社会养老保险或城镇居民社会养老保险中。

同时，新农保的捆绑式参保缴费与城镇化进程相悖。新农保本身是自愿参与，将第二代的参保与第一代的领取保险捆绑在一起，理论上使得子女的新农保参保变为强制性，有损公平。并且鉴于我国城镇化进程的加快，对于农村年轻人口而言，他们可能未必参加新农保，而更可能参加职工养老保险，所以在实践上使得新农保受欢迎的程度下降。调查显示，目前全国44岁以下的中青年参保率只有36.21%，远低于45岁以上的参保率。这一方面是由于一些中青年农民认为养老问题离自己还很遥远，对参保关心程度低，存在观望心理。另一方面，新农保和城镇职工基本养老保险在制度转移接续上存在问题，目前尚未出台具体的转移接续方法，使一些在外务工的农村青年在新农保和城镇职工基本养老保险上的选择上犹疑不决。

（三）相关养老保险制度如何衔接，包括新老农保的制度接轨、新农保与城镇居民养老保险和职工养老保险的接轨

一是对现行的"老"农保政策进行调整规范，主动与新农保制度接轨，搞好"新"、"老"制度的转换与并轨问题；二是要按照"不冲消、不扣减、只叠加并兼顾现行制度"的原则，实现城乡社会保险制度逐步靠拢，相互衔接，逐步统合，防止"碎片化"。特别在城镇化加速背景下，城乡居民养老保险与城镇企业职工基本养老保险、被征地农民基本生活保障应可以互转互通，但原则上鼓励符合参加城镇企业职工基本养

老保险条件的城乡居民直接参加或转入职工基本养老保险。为防止重复占用公共财政资源，总体上不允许参保人员重复参保、多头参保，从而基本形成比较完善的退出与重新进入机制。

（四）社保基金如何实现保值增值

基金投资渠道单一、管理制度滞后。根据现有规定，无论是城镇职工基本养老保险制度，还是新农保或城镇居民社会养老保险制度中的个人账户，都只能存银行和买国债。这是从基金的安全性角度考虑的，但从经济角度分析，由于在相当一段时期内国家实行低利率政策刺激经济，名义利率扣除通货膨胀率后的实际利率已降为负值，基金安全的主要风险已经变为"贬值"，这加大了社保基金收不抵支的风险。因此，单一的投资手段使农保基金不具备规避利率风险和通货膨胀风险的能力。

建议国家尽快统筹考虑包括新农保个人账户基金、城镇居民养老保险制度、城镇职工基本养老保险积累基金等各类积累性社保基金的投资管理，探索不同形式的基金投资办法，在加强监管、确保安全的前提下实现保值增值，可通过试点积累经验后再加以推广，如新疆呼图壁和四川通江的"农保证质押贷款"和河南社旗的"农保储蓄银行"等。

四、建立统一的城乡居民社会养老保险制度：诸暨实践案例

作为从事特殊职业的农民群体和城镇非从业居民群体，是需要国家和地方财政予以特别关注的社会养老保障对象。随着城镇化进程的深入和政府财力的逐步壮大，新农保与城镇居民养老保险两种社会保障体制

可以逐渐实现融合统一，事实上，在一些东部发达地区，它们已经合并实施为城乡居民社会养老保险制度。

以浙江诸暨市为例，2010 年在浙江省率先建立城乡居民社会养老保险制度。经测算，诸暨市符合参加城乡居民社会养老保险条件的人员约为 60 万人，其中，从 2010 年 1 月 1 日起，年满 60 周岁符合相关条件的 155473 名城乡居民不用缴费就可按月领取基础养老金，仅此项财政月支出 945.453 万元，加上参保人员缴费政府补贴等，预计财政年支出达 1.4 亿元。①

（一）参保范围

同时符合下列条件的城乡居民可以参加城乡居民社会养老保险：(1) 具有本市户籍；(2) 年满 16 周岁（全日制学校在校学生除外）；(3) 非国家机关、事业单位、社会团体的在职人员和离休、退休（退职）人员；(4) 未参加职工基本养老保险。

（二）筹资模式

城乡居民社会养老保险基金主要由个人缴费、集体补助和政府补贴构成。

对于 60 周岁以上符合参保条件的人员，应根据个人和家庭经济情况选择缴费标准并按年缴费。缴费标准目前设为每年 100 元、200 元、300 元、400 元、500 元、1000 元、2000 元七个档次，参保人自主选择

① 2010 年，诸暨市全市地方财政收入 373327.5 万元，全市财政支出 436976.3 万元，按 1.4 亿元计，城乡居民社会养老保险金支出占财政收入比例约为 4%。可见，对财力较为雄厚的县市而言，城乡居民养老保障水平仍然偏低。

缴费档次，多缴多得。① 对重度残疾人和低保对象等困难群体个人缴费，财政按最低档次缴费标准给予全额补贴。

有条件的村集体经济组织应当对参保人缴费给予补助，补助标准由村民委员会召开村民会议或村民代表会议民主确定。鼓励其他经济组织、社会公益组织、个人为参保人缴费提供资助。

（三）待遇给付模式

城乡居民养老金待遇由基础养老金、个人账户养老金和缴费年限养老金三部分组成，支付终身。诸暨市基础养老金确定为月标准不低于60元/人，城镇居民可适当高于农村居民。并随经济发展可适当提高基础养老金标准。从2010年1月1日起，基础养老金月标准为：60周岁至89周岁的人员，农村居民60元/人，城镇居民70元/人；90周岁及以上人员100元/人。个人账户养老金月标准为个人账户全部储存额除以139，个人账户中个人缴费部分和财政补贴部分同比例支出，个人账户储存额支付不足的从统筹基金中支付（参见表3）。

表3 城乡居民社会养老保险待遇（静态）计算表

单位：元

个人缴费		财政补贴		到60周岁养老金享受待遇（元/月）					到75周岁累计养老金
缴费档次（元/年）	缴15年合计	年补贴	15年补贴合计	基础养老金	缴费年限养老金	个人账户养老金	每月合计	每年养老金合计	到75周岁累计养老金
100	1500	30	450	60	30	14.1	104.1	1249.2	18738
200	3000	30	450	60	30	24.9	114.9	1378.8	20682
300	4500	30	450	60	30	35.7	125.7	1508.4	22626

---

① 参保人员选择100元、200元、300元、400元、500元档次缴费的，财政按缴费标准的10%进行补贴，补贴标准低于每人每年30元的按30元补贴；参保人员选择1000元和2000元档次缴费的，财政按缴费标准的8%进行补贴。

续表

个人缴费		财政补贴		到60周岁养老金享受待遇（元/月）					到75周岁累计养老金
缴费档次（元/年）	缴15年合计	年补贴	15年补贴合计	基础养老金	缴费年限养老金	个人账户养老金	每月合计	每年养老金合计	
400	6000	40	600	60	30	47.5	137.5	1650	24750
500	7500	50	750	60	30	59.4	149.4	1792.8	26892
1000	15000	80	1200	60	30	116.6	206.6	2479.2	37188
2000	30000	160	2400	60	30	233.1	323.1	3877.2	58158

注：以农村户籍人口按年缴费满15年的参保人员为例。

　　参保人员年满60周岁时，按规定办理养老金领取手续，从核准享受的次月起按月领取养老金。已年满60周岁、符合参保条件的城乡居民，不用缴费，按月领取基础养老金；距领取年龄不足15年的，应按年缴费，到年满60周岁时允许其按当年平均缴费额进行补缴，也可选择按其他档次缴费标准进行补缴，累计缴费年限不超过15年；年龄不满45周岁的，应按年缴费，累计缴费不少于15年。

（四）激励机制

　　根据多缴多得、长缴多得的原则，财政对"入口"按缴费标准实行差异补贴（参见注解6），对"出口"的缴费年限养老金部分按缴费年限分段计发。目前暂定为：缴费5年（含）以下的参保人，其月缴费年限养老金按1元/年计发；缴费6年以上、10年（含）以下的参保人，其月缴费年限养老金从第6年起按2元/年计发；缴费年限11年（含）以上的参保人，其月缴费年限养老金从第11年起按3元/年计发。

（五）衔接机制

1. 与原城乡老年居民生活补贴办法衔接

原享受城乡老年居民生活补贴的对象纳入城乡居民社会养老保险参保范围，原城乡老年居民生活补贴改按城乡居民社会养老保险制度享受规定的基础养老金。

2. 与原农村社会养老保险制度衔接

城乡居民社会养老保险制度实施时，符合参保条件，并已参加原农村社会养老保险（简称老农保）、年满60周岁且已领取老农保养老金的参保人，在继续领取老农保养老金的同时，享受城乡居民社会养老保险基础养老金。对符合参保条件，并已参加老农保且未满60周岁人员要求参加本办法的，应将老农保个人账户储存额按城乡居民社会养老保险制度实施当年城乡居民社会养老保险平均缴费额折算缴费年限（折算的缴费年限最长不超过15年，折算不足1年的应按年补差）并继续缴费，老农保个人账户储存额并入城乡居民社会养老保险个人账户；也可退保后重新参保。城乡居民社会养老保险制度实施后，原农村社会养老保险参保缴费不再受理。

3. 与城镇职工基本养老保险制度衔接

城乡居民社会养老保险参保人员参加城镇职工基本养老保险后，在养老保险关系转移时，可将城乡居民社会养老保险个人账户储存额，按职工基本养老保险的规定折算缴费年限，折算年限计算到月，具体折算办法为城乡居民社会养老保险个人账户储存额除以关系转移年度灵活就业人员基本养老保险最低档缴费标准；并按灵活就业人员缴费基数的8%建立职工基本养老保险个人账户，其余划入职工基本养老保险统筹基金。

已参加职工基本养老保险的城乡居民，期间因就业状况发生变化而中断缴费的，如职工基本养老保险缴费年限累计不满15年的，可将职工基本养老保险关系转入户籍地参加城乡居民社会养老保险，职工基本养老保险个人账户资金转入城乡居民社会养老保险个人账户，并按转入当年城乡居民社会养老保险平均缴费额折算缴费年限，按城乡居民社会养老保险规定享受相应待遇。

4. 与被征地农民养老保障制度等衔接

城乡居民社会养老保险制度实施后，参加了城乡居民社会养老保险的农村居民，如被征地且符合参加被征地农民养老保险条件的，可以同时参加被征地农民养老保险；已经参加被征地农民养老保险的居民，如符合参加城乡居民社会养老保险条件的，可以同时参加城乡居民社会养老保险。

除被征地农民基本生活保障可以同时叠加享受外，水库移民后期扶持政策、最低生活保障、计划生育家庭奖励扶助、社会优抚、农村"五保"和城镇"三无"人员供养、精简职工和遗属生活补助等待遇条件，也可同时叠加享受，体现了公共财政对弱势群体的支持帮扶。

5. 城乡居民社会养老保险跨地区转移

城乡居民社会养老保险参保人员跨地区转移，可将其城乡居民社会养老保险关系及个人账户储存额资金转入新参保地，按新参保地规定继续参保缴费并享受相应待遇。

五、结论与建议

随着新农保和城镇居民社会养老保险体系的逐步建立，到"十二五"末，我国将实现养老保险全覆盖。尽管保障程度仍较低，但却是中国社会养老保险制度建设的飞跃。不过，新制度的实际效果和运行效率仍有待实践检验和完善。

特别是在城镇化加速背景下，建立覆盖城乡居民的社会养老保障体系，需要打通农村与城镇养老保险的通道，淡化户籍概念，形成由国家，包括各级政府从政策和经济上给予支持，一个以劳动、收入和年龄为标准的、全国统一的制度规范，有统一的缴费基数、有分类的缴费水平和保障水平的城乡居民社会养老保障制度。同时，保险基金的运营及制度细节设计仍需缜密设计，谨慎考量。

参考文献:

1.　李倩、张开云:《广州市新农保与被征地农民养老保险制度的衔接问题探讨》,《广东社会科学》2011 年第 5 期。

2.　林淑周:《农民参与新型农村社会养老保险意愿研究》,《东南学术》2010 年第 4 期。

3.　鲁全:《新型农民社会养老保险制度模式的反思与重构》,《保险研究》2011 年第 5 期。

4.　王文龙:《城市社会养老体系存在的问题及对策研究》,《经济经纬》2009 年第 5 期。

5.　夏丽霞、高君:《关于建立新型农村社会养老保障制度的思考——以浙江省试点为例》,《农业现代化研究》2010 年第 5 期。

6.　郑功成:《中国社会保障改革与发展战略》,人民出版社 2011 年版。

昆山率先实现现代化之路问答

张晖明　等

刘靖北（主持人）：各位领导，各位专家，下午好！下午设两个专题，分上下两个半场讨论：上半场讨论昆山转型升级的难点及对策，下半场讨论昆山率先基本实现现代化的路径选择。产业转型升级是国家的战略性系统，也是昆山经济区保持全国县域经济领头羊地位的关键支点。率先实现现代化是江苏省第十二次党代会赋予昆山的使命，是昆山未来五年的核心战略目标，所以探讨研究这两个命题对于昆山建设者而言具有突出的现实意义，对于研究长三角的专家而言具有重要的理论价值。今天，我们很荣幸地邀请到长三角研究领域的九位知名专家学者一起讨论，每位专家发言 8 分钟。

一、张晖明发言（复旦大学企业研究所所长、教授）

昆山各个部门都提出了对自身发展一些工作的思考以及需要解答的一些问题，针对这些问题我今天谈三点。

第一，关于战略新兴产业的理解和地方经济发展如何跟战略性新兴产业对接。2012 年 5 月 30 号国务院常务会议的信息已经公布了，主要谈了 7 大产业。我觉得从国家层面上对战略性新兴产业的设计在工作方式上存在问题，因为战略性新兴产业的能力应是：具有对产业成长空间具有拓展的能力，由这个产业的发展对整个存量的基础产业产生引领能力，腾出空间的能力，带动设计的能力。国务院提出的 7 个战略性新兴产业只是项目，只是领域，不具备战略性新兴产业的基本要义。何谓战略性新兴产业？举例而言，就是美国在里根时代做的"星球大战计划"。这个计划涉及材料技术、工业设计技术、工艺能力、电子化技术、信息化技术、软件技术、产业链关键技术、产业链重组能力和链接方式以及科技经营技术等；在标准化能力方面至少覆盖了：市场突变能力，技术突变能力，企业生存方式，企业竞争方式。这样的计划才叫战略性新兴产业。但是，战略性新兴产业对于地方而言，就是产业项目、产业能力、产业领域。所以，中央政府战略性新兴产业的提法只停留在地方政府的层面，而不是理解战略性新兴产业应有的层次。当然，对地方政府而言，战略性新兴产业还是机会，尤其是昆山拥有很多很好的、具有高端引领能力以及长远效应的技术、产品、企业和产业。

第二，我想对比昆山的战略性新兴产业与美国政府今天所做的战略性新兴产业。美国政府的战略性新兴产业有两大块：一是生命技术，包括蛋白技术学，因为它可以覆盖到生物技术、医疗技术、医疗器械技术，以至于整个材料技术等等，因此具有广泛的渗透能力和覆盖能力；二是技术智能化电网技术和可再生能源技术。它不是一个能源技术问题，也不是一个组配件技术问题，它是一个对整个产业存量具有根本改造能力的技术，这才是战略性。我作这个分析可能跟中央政府的看法是不一致的，而在这个看法基础上，我对昆山的产业升级转型提三个"化"的建议。

首先，升化。因为昆山已经拥有非常好的产业存量，并且其中有些已经是非常高端的产品、项目和生产加工能力，所以在原有起点上要予以升化。怎样升化？升化表现为进一步强化产业内分工和产业间分工。按照理论化思维，就要与国际一流标准对接，与国际先进企业对标。昆山在今天可能已经在技术上、产品上、电子上占到一定的地位，下一步就是在此基础上使得自身的产业能力能够完整化。通过产业链对标，实现产业技术升化、市场升化、产业延展升化、产业服务能力升化等。我举一个例子，IBM 的口号是提供综合解决方案，所以它不是制造性概念，而是综合概念，就是从原来的执行主体、集成主体向规划主体升级，这背后涉及对技术的内生性消化吸收能力和再创造能力，需要人才政策等一系列配套政策，同时还要加强产业集群的学习能力，缺乏这种学习能力就是简单化的企业扎堆，那叫集体，不是集群。

其次，融化。融化的本质是产业融合。产业融合涉及科技经营问题，产业经营问题，知识产业化等内容。融化的第二层涵义是空间融化，就是从区内、市内、国内以至于全球范围内寻找融化的机会。

最后，泛化。所谓泛化，首先要做规模能力，拥有的产品和技术要迅速在全球范围内通过规模化获取发言权，比如上海振华港机，全球80% 港口机械都是其产品，因此产生了规模覆盖能力，进一步带动对国内企业、国内市场，对国内产业升级的产业链辐射。其次是商务模式输出。昆山拥有非常丰富的商务模式，十分值得研究、总结、归纳，以至于把商务模式作为我们手中的产品，在国内甚至在国际上推广。

第三，昆山要从产业承载的主体转化为产业输出的主体。飞地政策是实践中比较成功的做法，上海张江园区、苏州工业园区、无锡工业园区都实施了较好的共同开发政策。昆山可以借鉴这些经验使自身的能力覆盖到国内的若干区域，进行资源重组，扩大开发能力。

关于率先现代化，我们在关注指标的同时，要注重加强发展的内涵和质量，增强区域现代化的有机性，包括产业内在的有机性，更为重要的是推动经济、社会、文化、政治、生态的有机联系，而不是各自形成板块。有机性发展的核心内容是人，因此我们要思考怎么塑造昆山人？怎么塑造昆山人对于文化的感受？怎么从人的感受出发，提高幸福感，提高生活质量？提高生活质量内容很多，包括水、空气、食品等一系列的问题。我认为应该在这些方面做深化。谢谢！

二、张二震发言（南京大学商学院教授，南京大学国际经济研究所所长，昆山现代化研究院院长教授）

我是中浦院长三角系列课题"昆山产业转型升级难点和对策"课题的承担者，课题成果《率先现代化昆山之路》将在今年6月由人民出版社出版。

昆山一直在转型，农转工、内转外、散转聚、低转高、大转强。下一步怎么办？下一步就是要从吸引、集聚全球先进生产要素，到整合各种先进生产要素进行创新，这是产业升级的重要方向。原来是集聚，现在要整合。昆山转型升级的难点在哪里？主要是两点：第一点就是怎么处理好传统产业与新兴产业的关系？作为昆山主导产业之一的电子产业已经不是新兴产业了。第二点是怎样培育能整合全球资源进行创新活动的国际化的企业和企业家？

为破解这两大难题，我觉得应当推进三个"国际化"。

一是推进国际化企业的建立。国际化企业是昆山转型升级的主体。要在继续大力引进国际先进生产要素的基础上，不断培育本地的国际化企业。这不仅是推动本土企业的国际化，还要促使在昆山的跨国公司整合全球生产要素进行创新活动，不单进行简单加工制造，而把研发、营销、营运这些环节放到昆山，立足上海将昆山打造成总部经济集聚区。

二是构建国际化城市。国际化的城市是转型的载体。昆山同时也是江苏有一项重要的经验，那就是以开发区的建设促进城市的建设。开发区的发展和城市化发展互动，开发区就是昆山，昆山就是开发区。下一步昆山要以开发区的转型升级为载体，包括新区、高新技术开发区等，构建国际化的城市。靠着上海是昆山的有利条件，上海的地铁11号线跟花桥接轨，到上海仅一个多小时，比到南京距离近。昆山的发展思路就要由原来的构建优良的投资环境，向构建优良的综合环境转变，包括创业环境、人文环境、教育环境、人居环境、生态环境，以及对城市的认同等。比如，建设中的杜克大学昆山校区，能让国际化、创新型、高端的创业人才经常到昆山来，心里总能惦着昆山，可以提高昆山的国际化程度。城市的国际化与大小无关，达沃斯小镇也是国际化的城市。

三是吸引国际化人才。人才是昆山转型升级的支撑。原来昆山的发展靠农民工，今后昆山的转型升级要靠更多地聚集国内外创新创业人才。这个方面昆山已经先行一步，而且有条件做得好，因为靠近上海。

在推进产业转型升级中还要注意以下几个问题。第一，转型不是转产，是提升制造业的质量，向精细化、高端化、高质量化、标准化方向发展，而我们的传统产业很有潜力可挖。在产业链卡位方面，能高则高，宜低则低，这样能够带动就业，并且尽量保护环境。第二，审慎对待战略性新兴产业。新兴产业的技术路线不明确，仅靠补贴、靠政府资助进行发展不可持续，风险比较大，昆山不应一味追求高新技术产业。第三，要高度重视商业模式创新。花桥有一个中国进口商品交易会，这是非常好的平台，一定要作出影响，作出品牌，做到中国最大最好，这与中国扩大进口战略相呼应，可以问国家争取自由贸易区等类似政策，打出昆山的响亮品牌。

三、赵泉民发言（中国浦东干部学院经济与工商管理教研部主任、教授）

经济结构调整和发展方式转变不仅是昆山的问题，也是中国经济社会面临的问题。我主要谈两个问题。一是现在大谈转型、谈战略性新兴产业或是谈创新，为什么进展不大？即便是处于全国县域经济发展前列的昆山，也面临着转型和创新进展不大的困境。二是政府在创新和转型中的角色定位。

无论是创新还是转型，可能都有五个基本条件：第一，市场竞争的压力。中国现在市场竞争有没有压力？有，但是还不充分，首先国企和民营之间不存在竞争，国企之间更不存在竞争。第二，技术创新需求的形成，这与发展是并立关系。第三，大规模制造能力和产业配套桥梁的形成与改进。第四，能够组合全球科技资源的开放性研发体系。第五，企业要成为负责任的有长远眼光的创新主体，现在中国的央企不创新就能够赚钱，而民企的创新能力不行，市场环境不公平，民企和国企之间的关系就像大臣陪皇帝下棋，大臣能下过皇帝吗？

中国的创新需要同时具备这五项条件才能实现。我们提创新多年却没有突出进展的客观要素，就是没有做到五个条件的全面具备。从创新的角度来说，昆山未来的经济增长不能单从 GDP 增长的数字来看，而从全要素生产率增长的角度决定我们的努力方向。全要素生产率增长是产出增长率超出要素投入增长率的部分，是纯技术进步带来的生产率的增长，它可以反映经济增长属于投入型还是效率型，是靠总需求拉动还是靠结构优化或者技术进步推动。实际上来讲从中国整个结构分析来讲，在全要素生产率比较高的地方，同时也是 GDP 增长率比较高的地方，劳动力增长的贡献率基本上在下降、趋向消失，资本存量对增长的贡献率也在慢慢弱化，因此从全要素生产率增长的角度分析，究竟应该投入型还是效率型，还是投入和效率兼顾型，这是一个经济结构的选择问题。

昆山的人均 GDP 已经达到 2.4 万美元，跟韩国接近。而根据国际经验，人均 GDP 超过 3000 美元以后，投资的作用就会下降，拉动经济的边际效应递减，出口的拉动效应也会递减，而消费将起更大的作用。从未来发展趋势看，行业消费增长、收入水平、人口结构和地区之间有很大的关联性，而且随着时间的推移，消费对整个经济拉动作用将慢慢提升。与此同时，房地产和汽车作为当前拉动经济增长的主要消费，对国民经济的驱动力、边际效应随时间的推移递减。从这个意义上来讲，在工业化后期和后工业化时代，昆山应该把刺激消费的重点放在服务业上，因为医疗保健、文化、教育和娱乐等服务产业对经济的拉动作用将大幅度上升。房地产、交通通信等产业也会有一定作用，但其作用是慢慢下降的，更多地需要依靠文化教育、高端金融服务、保险等行业，这是比较大的转变。

　　推动制造业从制造到创造的转变需要怎样的条件？在工业化前期的轻工业阶段和中期的重工业阶段，主要是考虑原材料供应等物质条件，而到了先进制造业阶段对非物化的因素和非实体因素，对软体、软环境的要求不断提高，比如城市品质，国际化水平，社会资本，官民之间的互信，民和民之间的信任，民企与外企之间的信任，人力资本，等等。对于高新技术产业和现代服务业的发展而言，创新网络的建立就十分重要，以及前面提到的这些非物质条件。我们要根据产业性质的变化转变发展思路，缺什么补什么。除此之外，现代服务业和制造业发展存在联系，高效率的制造业是现代服务业发展的前景和基础，这个昆山应该是具备的，同时与现代服务业相关的第三产业也要充分发展，与此相对应的区域市场也必须建立。

　　在这个过程中，政府需要干什么？第一，政府需要通过促进教育、科研、保护产权、提高政府效率等方式，促进全要素生产力的增长。有研究表明，劳动力从第二产业的劳动密集型企业向第三产业的劳动密集型企业转移，其受教育年限至少要提高 0.5 年，从第二产业的劳动密集型企业向第二产业的技术密集型企业转移，其受教育年限至少要提升 1.7 年，从第二产业的劳动密集型企业向第三产业的技术密集型企业转移，受教育年限平均要延长 4.2 年。这种全方位教育、全民教育需要政府来办。

　　第二，主要是创新能力的提升和产业体系建设。第三，处理好政府与市场的关系。因为转变发展方式、调整经济结构的主体是市场，是企业，而不是政府，不是政府让企业转型它就能转型；社会管理的行为主体是社会组织，是公民社会，也不是政府。政府的作用体现在与市场、与社会的互动之中。这就需要转变政府职能，当好制度的供给者，提供良好的公共服务，保障市场体系。比如在对小微企业的扶持上，政府就要建立起协调机制、激励机制、服务机制等。

四、赵伟发言（浙江大学 CRPE 首席教授、浙江大学 国际经济研究所所长、教授）

江苏的经济是长三角经济的一根支柱，昆山是全国县域经济的发展样板，所以我一直非常关注。江苏目前应该是发展中国家的发达经济，昆山的人均 GDP 是 2.4 万美元，已经达到韩国的水平。但是产业的状况，昆山产业的摊子很大，但真正掌握知识产权、属于密集型的产业很少，并且还存在严重的对外依赖。从财富分配上看，江苏是富官胜于富民，浙江富民胜于富官。产业微笑曲线的两端研发和营销控制在外方手里，中国主要是制造，所以分到的蛋糕就小。

我们要认识中国当代经济的发展，包括政治发展，三方面缺一不可。第一方面是要有历史知识。如果不了解中国的政治史，很难理解中国当代历史，也很难理解将来政治的变化趋势；如果不了解发达国家的工业化史及现代化史，很难预期我们的下一步工业化、产业升级向哪个方向变。

第二方面是理论。经济理论是理论家通过长期思考，凭借个人的考察能力，以及对现实的概括提炼出来的，经过反复实践的证明，因此不尊重经济规律不行。

第三方面是对现实的把握。现在好多高层的决策得到的信息非常有限。现在是经济全球化时代，互联网、宽带网将信息跟金融产业资产联系起来，帮助资本在全球流动。

一是从历史的角度去理解转型。综观发达国家、先进工业化国家的工业化、现代化历史，我们可以得到这样一个结论：无衰退的产业转型是没有希望的。如果我们一直保持高增长不可能有产业转型升级，因为转型需要策划。从美国的产业转型看，它经历了 70 年代的产业衰退、滞胀，到 80 年代政策大变革，到了 90 年代在风险投资的刺激下才有了硅谷，掌握了信息产业 90% 的重要知识产权。中国 30 年一直保持两位数的增长率，在这种速度之下不大可能实现转型。这是历史的规定性。

二是从理论的角度看待产业转型。我想提三个理论。其一，马歇尔的经济学原理。他把产业比作树木和森林，一个国家产业的发展就好像是一片空白的林地，目的是把这片空地种满树。当林地上的树种差不多的时候，就需要砍树。砍树是一个很难的抉择，是砍大树还是砍小树？就树木来看，大树的创新能力差，它更接近衰老和死亡，可是种树人往往愿意保存大树，因为大树是好不容易长大的，愿意让小树自身自灭，而小树恰恰是代表未来。我们在企业选择上是帮助大企业还是给小企业创造条件？其二，保罗·罗默的理论。世界银行首席驻华代表、诺贝尔经济学奖斯宾塞写了《中国经济中长期发展和转型》一书（中信出版社），在书中他提出在那些陷入中等收入陷阱的国家，政府犯了一个绝大的错误：政府在经济发展早期知道该怎么样发展，所以像指挥军队一样在指挥经济，但当经济达到人均 GDP3000—6000 美元的中等收入以后，这时候主要靠市场力量来优胜劣汰，但是政府还是犯了经验主义的错误，还是像指挥军队一样去指挥，规划了很多产业，最后规划的产业都没有搞起来，进入中等收入陷阱。其三，熊彼特的理论。他提出了创造性的破坏。什么叫转型？有破坏才有升级。一位美国教授在《经济学家》撰文，美国在衰退之前的 30 年经济高速增长，每年都有就业破坏，由于企业倒闭造成的失业占就业量的 15%，但是新创造出来的新就业机会占 17%，所以他说如果一个经济体一直有百分之十几的就业破坏的话，这是在升级。所以我们按这些理论来衡量，我们还存在很多问题。现实是，沿着高铁一路上还在拆，到处在挖，证明还是在铺摊子，如果是产业升级，起码在土地资源利用上不会再乱铺摊子，应该是集约型而不是粗放型。如果一个地区一直在铺摊子，拆了挖，挖了拆，还是粗放型。

中国下一步非常紧迫的任务：一是产业转型升级，二是突破中等收入陷阱。就昆山来讲，转型升级最难的是政府自身行为的转型。转型究竟是靠市场实现资源配置，还是跟之前一样，政府指挥棒指到哪里就做到哪里。我认为政府的着力点是培育创新能力，创造一种环境来培育创新能力，尤其是要舍得把已经失去竞争优势，尤其是在浪费资源的企业搬出去，不做到这一点就不能达到资源的最佳配置。同时，昆山有一个特殊优势，虽然是县域经济，但是生意很大，经常有高层领导来视察，地方政府领导可以从高层领导那里要政策，然后顺着杆子往上爬，把政策效应做大做强。

五、朱金海发言（上海市发展研究中心副主任）

关于产业转型升级的问题，我主要想谈两个观点。第一，关于如何建设"工业强国"。在 5 月 29 号政治局会议上，胡锦涛同志强调，中国要从工业大国走向工业强国，这是未来中国工业发展非常重要的指导方针。什么叫"工业强国"？有两个点：一是从工业大国转向工业强国，我们不能光是把战略性新兴产业，或者高新技术产业理解为就是工业强国的标志，因为现在搞的战略性新兴产业有很多在培育过程中，可能代表未来，不一定代表今天。在长三角，16000 亿的高新技术产业的产值，附加价值很低，而且技术含量也很低。所以，我觉得工业强国不能片面地理解。现在许多地方的发展规划都把高新技术产业、战略性新兴产业放在重点，这是片面的。

二是关于第三次工业革命。英国《经济学人》杂志 4 月 21 号发表一篇关于第三次工业革命的文章。所谓第三次工业革命，从内容上来说主要是数字化革命，数字化革命会使整体的生产成本大幅度下降，会打破以前大部分的生产格局，使得产品生产规模变小且多样化，而且生产者的技术也会多样化。文章还提出第三次工业革命可能会对中国的制造业发展造成很大的打击。文章面世后，从中央的一些领导到地方的领导干部，包括上海的主要领导，对此非常重视。第三次工业革命可能是一

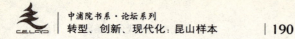

种趋势，中国也需要朝这方面努力。

要从中国新一轮工业化的特点和城市化的要求来理解工业强国建设，这对制造业基础非常强大的昆山而言比较重要。

第二，怎么理解新一轮工业化？新一轮工业化应该有什么特点？有三方面可供大家参考。

其一，从制造业本身的短板去理解。因为我们第一轮工业化到现在还没有完成，跟发达国家工业化水平相比：机械工业有差距，现在我们什么产品都能生产，但是生产产品的机械60%左右还是靠进口，生产工具掌握在发达国家手里，如果不解决这个环节，永远让国外发达国家控制，所以这个新一轮工业化当中工业强国当中必须要解决的问题。材料工业有差距，中国的新材料、高端材料大量都要依赖国外，有一些新型材料、复合型材料等跟国外差距非常大。在这一轮工业化当中，我们要把材料工业这方面的短板要补上去。系统集成、系统控制有差距，为什么我们的高铁经常出问题？撇开整个管理系统不论，因为我们很多控制系统不过关。国外高铁已经用了40年没有死过人，也没有出过什么大问题，我们的高铁打雷就出问题，问题就出在集成数控板，这方面我们与国外的差距比较大。

其二，从新一轮城市化的需要去理解。我们的城市化率已经达到50%，今后还会上升。现在的城市化有几个问题：一是轨道交通，有100多个城市申请或正在搞轨道交通，但实际上与轨道交通有很多问题自己不能解决，需要发展相关工业。二是航空制造业，正在蓬勃新建的机场数以百计，未来需要大量飞机。中国的飞机制造主要是组装，而且配置的产业链特别长，都需要我们去注意。三是邮轮市场，这也有很大的发展空间。总之，要从城市化的要求出发去谋划新一轮工业的着力点。

其三，从消费高端化的趋势去理解。中国目前的恩格尔系数已经下降到30%几，在国际奢侈品市场中占有30%的消费份额。中国的工业怎么来占领奢侈品市场？这也是工业强国当的努力方向。一方面是要建立、培育中国自己的品牌。中国的消费品缺少国际品牌，全球品牌根本谈不上；另一方面要提高我国的消费品质量，通过技术创新来实现。

自由讨论环节（上半场）

昆山高新区：最近，李克强副总理到了昆山视察，看到区域内的一家高新技术企业获得了国家的科学发明大奖，他说昆山作为县级市是上升到了国家的战略的高度来考虑问题。我们总感觉对于一个地方政府，一个县级市或者一个区，要做一个国家的战略性新兴产业始终觉得力不从心。

赵伟：基层政府的领导干部一定要老老实实面对现实，不能为了政绩、为了数字而不负责任，什么产业新就做什么产业，在昆山做某个产业跑到江阴去也要做这个产业，那谁来搞老百姓的基本生活消费产品？你们开发区的领导跟企业打交道多年，很熟悉企业的心思，知道哪些企业真正有效益，要把这些企业发现出来，在上级领导视察时汇报上去，得到上级领导的支持后就可能做成一个集群。

张二震：高新产业，战略新兴产业的技术路线不明确，市场不明朗，风险很大。传统产业并不是落后产业。制造业的转型升级就是要提高产品质量，实现精细化制造。转型升级并不是转产。高新技术产业需要政策支持，但是如果市场前景不是很明朗，就要谨慎控制风险，以市场行为为主，争取风险投资支持，政府提供一种环境，不代替企业去它应该做的事。这个方面昆山市做得非常好。

昆山市发改委：我的问题是，苏南在长三角转型中的方向何在，如何定位。提这个问题的理由是：首先，在长三角规划中，一体化是方向，整个板块中点和线定位已经清楚了，但是苏南的定位目前还不明确，对苏南的定位众说纷纭。其次，现在产业在往前推进过程中，遇到

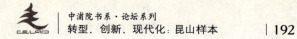

很多体制机制上的束缚，比如走私问题，表面来看是政策，实际上是放权，都是涉及改革的问题。苏南的改革如果再往前走，势必要有进一步做治理改革的空间，空间在哪里？最后，在研究长三角一体化有点不可避免就是台资，尤其在台资密集的昆山，这不光是经济问题，对祖国两岸和平统一也有重大政治意义。

朱金海：改革需要非常明确的目标，有什么问题改什么问题，为了推动发展，要有一点点抓落实的人才。上海一直在考虑整合共性平台，建立研发平台的服务体系，涉及的单位、机构、研究所、高等院校很多，但是现在真正拿不出什么东西来，政府怎么引领整合？这牵涉一系列体制上的问题。改革的目的要能够抓住或大或小的问题，这样的改革才可能管用。现在有些改革叫得比较响，实质上进展很小。

赵伟：浙江现在叫做"后跑路时代"。有民营企业倒闭倒逼出来的改革，一个是温州的金融改革试点，另一个是义乌的国际经贸改革试点，这两个试点的出台跟企业家"跑路"有关系。我们昆山利用品牌优势，也要争取搞一些改革试点。

我们还寄希望于顶层设计，改革行政体制是重要一环。对苏南我一直在呼吁行政区划改革。苏州这么大，经济实力这么强，我建议应该设成中央的二级直辖市，赋予省级管理权限。如果苏州拥有这样的平台，苏南的发展可能会上一个大的台阶。

六、张颢瀚发言（江苏省社科联党组书记、常务副主席、教授）

"昆山率先基本实现现代化的道路"是昆山关注的话题，也是江苏省和全国关注的话题，重点就是关于昆山在国家现代化示范中的定位和作用。江苏率先实现现代化是国家赋予的重大战略，苏南作为全国的现代化示范区。昆山面临由原来的发展前沿到现代化示范的角色转变，从改革开放 30 年的典型到基本现代化的示范。这是昆山的发展方向。改革开放到深圳看，未来的现代化要来昆山看。基于这个目标，昆山向国家提出现代化示范相关的政策要求也更有道理了。

现代化示范包括"示范什么"，"怎么示范"两个层面的问题。温家宝总理到江苏考察时对示范什么已经讲得非常明确：一是自主创新示范，二是现代产业示范，三是生态产业示范，四是对外开放示范。这四个示范非常关键。江苏省对苏南现代化示范区又加了社会发展示范。我感到还应该加上两个示范，体制转型示范和城乡一体化示范。现代化本身是工业化和城市化的进程，而中国现代化面临的最大问题是城乡一体化问题，因为追求短平快的现代化就很容易产生城乡差距问题，昆山的城乡一体化发展做得很好，更具有全国性的示范意义。自主创新示范和现代产业示范绝对不能分开，应该融为一体，才具有现实意义，才有可行性，才有效益，而这两者融为一体，必须依托现有的产业体系，这是非常大的优势。如果要在现代化方面向前走一大步，必须将创造引进人才和留住人才的创新环境作为重中之重。

昆山还是我国对外开放的示范。对外开放关乎国家的经济利益、产业利益、创新利益。如何利用开放产业的特点，使之与民族文化相联系，与文化相联系，做好这一点就可以成为昆山产业转型创新的特征。这对我们具有很大的意义。

昆山的示范意义要上升到国家层面才有意义。十八大肯定会把科学发展观提高到更高层面，而昆山的现代化就是科学发展的现代化，所以我们要上升到国家层面看昆山的科学发展道路具有怎样的意义。

我们面临着走向真正的创新经济的根本性跨越。我们要认清，在这个跨越中，昆山正在向工业化后期迈进，但还处在传统规模阶段。昆山的高新技术产业主要以加工为主，很大程度上是别人的高新技术。胡锦涛总书记提出"工业强国"战略，中国要成为强国就要跟美国比。最近美国重返亚洲，介入南海事务，它的新一轮战略就是对着中国来。如果中国在创新上上不去，就成不了大国。小小的苹果手机，反映出美国创

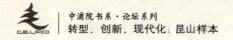

新体制和模式的前景，而我们的汽车制造业体现的创新价值不如苹果。怎么走向工业强国？昆山在这方面具有非常好的示范作用。

七、宁越敏发言（华东师范大学中国现代城市研究中心主任、教授）

我长期关注昆山，特别是昆山的历史文化和近期的发展。在 2009 年金融危机时，上海举办了咨询会，仅我一人在推荐昆山的经验。当时，我提出昆山至少已经抓住了两个在国内领先的产业部门：一是第三代视频显示技术产业，二是机器人产业。机器人产业曾经是上海郊区放弃的产业，因其不能产生产业化效果。所以昆山在产业转型方面确实领先于上海。我认为 5—10 年后 OLED 会替代现有的液晶显示行业，对中国来说最致命的问题是核心技术在清华大学等高校手里，而不是在大公司手里，而再好的技术要进行产业化就要有企业的支持，这涉及公司管理的问题。

一、昆山的现代化经验。昆山的发展满足了天时、地利、人和的要求。所谓天时，就是抓住全球化、信息化机遇，实现了第一次工业转型，建立了以 IT 为主导的产业，现在仍然在这个基础上进行转型。

所谓地利，就是昆山距离上海市区的位置非常近，交通非常便利，连部分上海的郊区都无法比拟。这种地理位置优势不能替代，不能复制。

所谓人和，第一是昆山人具有包容性，60 万户籍人口与 100 万外地人口共存于昆山，经济建设得好，如果不是包容性的社会，就无法实现现代化。第二是昆山市领导的人脉比较宽，从江苏省到中央建立了一套人脉关系，这在中国社会非常重要。第三是作为县级市的优势，相比于上海的郊区，昆山的经济管理决策权要大许多，这也是上海郊区竞争不过昆山的一个重要原因。

　　依靠天时、地利、人和，昆山创造了奇迹，但对于全国其他地区而言可复制性很低。昆山的最大问题是"为盛名所累"，从中央到地方都认可昆山的先进，希望昆山能有更大的成就，拿出更好的经验，推进体制改革，等等，但县级市的行政地位就产生了制约，搞产业转型或其他转型，在县级市层面难度很大。

　　二、关于现代性的反思。国际上对现代化是有反思的，现代化过程产生了很多问题。现代化与工业化联系在一起，而马克思是最早注意到工业化会导致异化的矛盾。什么是异化？它是资本控制下的拜金主义，也是机器越来越强大之后，人可能变成机器的奴隶。在富士康的生产模式下，每个人每天在机器上重复数千甚至数万次地简单生产，结果人变成了机器的奴隶，这便是马克思最早揭示的现代化的问题。1960 年代以后，美国作家卡恩撰写了《机器的春天》，全球的环保主义进一步揭示了传统工业化模式的缺陷。

　　三、关于现代化的文化和价值观。在现代化过程中有没有形成新的价值观？与美国的竞争不仅在于航空母舰，还在于文化价值体系。中国发展转型中面临的最大的问题是，与西方相比中国的价值体系是否更具有普适性、更优越？回顾苏州和昆山，在明清时代，尤其是明朝，曾是全国的经济和文化中心，在全国的影响力比今天要大。虽然苏州的工业发展非常好，逐渐成为新的经济中心，但在全国的文化影响和明代时候无法相比。昆山历史上最杰出人物是顾炎武，他是百科全书式的一个学者，到目前为止还没有出现第二个像他这样既精通国学又行万里路、观察中国的地理风貌的学者。昆山又是昆曲的发源地，而昆曲是中国第一批非物质文化遗产，第一号。因此，如果联系到 2011 年十七届六中全会提出建设文化强国，发展文化产业，绝不仅仅是经济层面，而是真正涉及整个中国的复兴。中国的复兴不仅是从经济弱国成为经济强国，更重要的是在文化领域层面的复兴。昆山的经济基础非常好，但从目前情况来看，与经济发展相比，在文化方面的复兴相对较弱，所以昆山在文化发展方面可以做得更好。作为上海人，可以经常来到昆山，可以去周

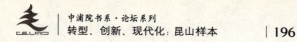
庄、巴城或者千灯，在这个层面的文化发展昆山也都在做，但是工作的整体性不足，希望昆山在发掘深厚的历史文化内涵方面大有所为。今后全国各地来昆山学习的时候，不仅可以让他们看昆山的经济，而是让他们看昆山的文化，要介绍顾炎武，介绍昆剧。

八、李程骅发言（南京市社会科学联合会副主席、党组成员，南京市社会科学院副院长、教授）

我初次认识昆山是在 20 年前，当时的昆山正向工业化转型，没有想到 20 年后的昆山变化这么大，昆山实际上已经不再仅仅是一个县级市，而是一个初具现代化形态，并且在生态和旅游上有特色的现代化都市。昆山与常熟毗连，从昆山进入常熟就好像从市区进去郊区，昆山的开发程度比常熟高的感觉说明昆山已经在城乡一体化方面，特别是城市形态方面成为了非常有特色的现代化都市。

我们今天谈昆山，不能局限于眼前省里对昆山当好率先实现现代化的排头兵的视角。从整个苏南现代化示范区建设上看，排头兵是昆山，而尾巴就在南京，要求南京 2025 年和苏南同步实现现代化。苏南示范区的现代化规划就是苏南五市同建的大示范区，车的技术龙头在昆山，南京 2000 多万平方公里纳入苏南示范区，要搭上苏南现代化的直通车。另一方面，假如跳出苏州、跳出江苏，从整个长三角地区、从上海都市圈来看昆山，对昆山的定位、优势、潜力就会有更好的认识。昆山不仅是苏南现代化示范区的一个县级市，而是整个长三角、特别是上海大都市圈的昆山，具有鲜明的国际化特色，要从全域范围进行定位。我们不妨把眼光放远、看看中国台湾，台湾企业在我们这里集聚，我们能不能想到再过 10 年、20 年之后，我们就是下一个新北市。从这个角度我们要重新谋划昆山整个发展形态，包括人口规划、交通规划、产业布局，还包括城市中心是以昆山老城区为主导，还是几区合一，或是花桥主导？未来的昆山可能是一个拥有 200 万—300 万人口的国际大都市，这是我们要有的第一个概念。

同时，要树立对昆山双重定位的概念。一方面，昆山是苏州的昆山、江苏的昆山，是在现行行政区体制下的一个县级市，要按照行政区划去管理、去发展；另一方面，昆山是长三角中心区的昆山，要利用市场对要素的整合力量，遵循市场规律，遵循城市发展规律，要整合、规划好花桥商务区、高新区、开发区以及现在的城区，使各个区块各自形成特色、有机融合、共同发展。根据这个双重定位，昆山可以两边得益，既利用江苏的政策支持，又要吸收上海乃至全国的要素资源，这是昆山应该具有的变通能力、创新能力，未来应该进一步强化。

下一步昆山发展的中心目标是什么？城市的发展都会经历从农业到工业、从工业化到后工业化、从现代到后现代的过程。昆山范围之内因发展程度的差异存在不同板块，而一体化便是要将这些板块串联起来，这需要遵循城市的发展规律。昆山的城乡一体化工作在江苏乃至全国都做得非常好，目前乡村和城市已经很难区分，但昆山的发展并不是简单地进一步推进城市化，使厂房覆盖全区域，而是应该具备像美国、像欧洲这样的新都市形态，留下更多的生态空间。昆山要充分发掘潜力，朝着现代制造业、朝着服务业、朝着商业和文化产业发展，未来的目标是建成文化的昆山、创意的昆山、创新的昆山。未来十年、二十年，昆山要沿着过去创造的昆山之路继续探索，提升要素集聚和整合创新的能力，在创新的路径上不断强化整合，不断引进先进要素，建成一个全新的昆山，探索出转型升级的新模式、新体系。

九、王金定发言（中国浦东干部学院副院长）

关于昆山率先基本实现现代化的路径问题，我想谈两点想法。

第一，关于昆山率先基本实现现代化的动力问题。我认为昆山之路最核心的是两句话：一是利用改革开放的大好形势，全方位对外开放，引进外资，引进台资，实现了自身的发展。二是创新驱动，不仅有科技创新，也有体制机制的创新，工作方法的创新，包括中国浦东干部学院在昆山建立分院，也是创新驱动的具体体现。许多做法其他地方的人想不到，昆山人想到了。开放之路和创新驱动是昆山最核心的经验。

这两条经验的背后是强势政府的推动，这在我国目前的发展阶段是非常必要的，也取得了成功。昆山在经济建设方面所取得的成就、所创造的奇迹是政府推动的非常典型的案例。但我认为，昆山在未来的发展中可能要更重视民间资本的力量，更重视民营企业的发展，更重视民族品牌的培育，这是一种内生的力量。如何把政府推动力和市场内生力两者平衡好？这就要处理好政府、企业和市场三者之间的关系，而这个关系从国家层面来看和从县域经济层面来看不完全一样，但是它的基本规律还是能起作用，只有处理好了三者的关系才能解决昆山率先实现现代化的动力机制问题。

第二，关于昆山率先基本实现现代化的内涵问题。从现代化的发展历程来看，往往从经济现代化开始，随后慢慢发展到社会现代化，文化的现代化、政治的现代化，我们国家也遵循着这样的基本规律在向前行进。昆山是我国具有典型示范意义的地方，在现代化进程方面也应该作率先垂范。经济社会发展的指标体系是不断发展的。从经济发展角度来说，GDP 这个指标很管用，尽管现在很多人对它提出了很多批评，但是目前还是最管用的指标。虽然有人提出了绿色 GDP 的概念，但绿色 GDP 很难核算。联合国现在还采用另一个指标，就是人类发展指数。人类发展指数很重要，在该指数的计算中经济发展指标大概占 1/3 的权重，主要是反映生活质量，包含收入水平、就业水平等。而占人类发展指数 2/3 权重的指标跟人的健康水平、受教育程度、文化素养等方面有关。所以，昆山的同志在现代化指标方面可以好好考虑一下人类发展指数。现在国际上炒得比较热的还有一个指标体系，就是幸福指数，但是这个指标目前还很难核算。马英九先生在台湾竞选的时候，他提出的一个很重要的竞选理念是把台湾打造成为幸福的台湾，并且要求他的经济部门在 2012 年研究出幸福指数核算体系，并且若干年以后每年进行公布。从最早创造幸福指数的不丹国王的指标体系看，内容十分丰富、全面，有经济指标，有文化指标，有社会指标，也有生态指标，甚至还有政府治理的指标，叫"良政善治"。

现代化建设从经济启动，但是随着经济社会的发展，现代化的内涵会越来越丰富。我从昆山的经验介绍材料中发现，篇幅最大的是关于经济发展指标，主要是产业、开发区，而关于民生、社会管理等的篇幅很小。比如，社会管理创新的指导原则是"党委领导、政府负责、社会协同、公众参与"，最难的是社会协同和公众参与。社会如何协同？公众如何参与？我们很希望从昆山的经验里得到一些新的启示。

我们很能理解昆山作为县域经济地区的难处，即小马拉大车，现在已经很吃力，县级政府在诸如推动政治体制改革、价值观形成等方面有为难之处，但是我们希望看到昆山的突破。汪洋同志在广东的探索给了全国很好的启示，希望昆山在社会管理、文化建设、文化产业发展等方面也能够创造出像开发区建设、产业转型等方面一样宝贵的经验和启示。

自由讨论环节（下半场）

昆山市科技局：现在江苏省提出，实施创新驱动战略，建设苏南自主创新示范区，发展战略性新兴产业，开展综合配套改革等策略。要实施创新驱动战略，对于昆山来说，科技创新资源相对薄弱。尽管政府层面要加强对创新的支撑，但如何帮助提升企业和社会层面的创新能力？

王金定：我不讲系统的理论，就想讲一下 2011 年到美国硅谷去调研的体会。为什么硅谷的创新成果层出不穷？我跟斯坦福大学的专家一起讨论，总结出了硅谷强大创新能力的三条经验。第一条是人才集聚。以斯坦福大学为龙头，硅谷地区集聚了一大批有创业创新能力的人才。斯坦福大学的校训就是学以致用，以理工科为主，特别以工科见长。在形成名声之后，硅谷就集聚了更多愿意创业创新的人。所以，如果要在硅谷办公司很容易就能找到一大批有能力的人才。

第二条是美国的投融资机制。特别是美国的风险投资，或称天使基金、风投基金，非常发达。一个人只要有一个创新的点子，就可能吸引大量风投资金。Facebook 就是经典的案例。当年扎克伯格从哈佛辍学到硅谷时只有 19 岁。他要做的交友网站就是一个程序，结果某个风投基金给了他 1240 万美元支持他把公司运作起来，7 年之后，这笔风投资金的价值翻了 1000 倍，目前值 100 多亿。当时扎克伯格需要装修一个办公室，找到一个画家来帮他美化，在支付报酬时，画家坚持不要工资只要 facebook 的股票，而扎克伯格给他的股票已经市值 2.5 亿美元。这个画家如今逢人便说，当你在硅谷遇到从哈佛辍学的小伙子的时候，在帮他打工之后，千万不要问他要美元，而是跟他要股票，因为那一定是绩优股。创投资金的丰富活跃促进了创新，这是政府构筑的服务体系。

第三条是美国鼓励创新、宽容失败的文化。在美国，如果某个人在求职时在履历上写曾经有过几次失败的经历，这绝对是加分项，不会被扣分。如果你对人事经理坦言哪一次创业又失败了，人事经理会很高兴地录用你，因为他会认为失败是成功之母，有了前面的诸多失败下一次创业就很可能成功。

以上三条使得硅谷这个地方成为科技创新的重要发源地，我想这对于昆山也很有启发。

张二震：昆山已经到了要素驱动和创新驱动并举的阶段。昆山作为县级市，拥有国家技术发明一等奖，高科技企业云集，技术创新的产业化也有进展，这些都是创新驱动的体现。昆山要两条腿走路：第一要抓住原来的优势不放松，用先进的技术改造原有的传统产业大有可为。比如对电子信息产业中的制造业改造，现在大多企业只是停留在组装代工阶段，以后能不能在关键零部件的生产上进行创新，做到全世界最好，为全球同类产品配套，这就实现了传统产业的创新升级。传统产业的创新形式包括商业模式创新、产品创新、配套的技术创新等，就是要做精做专做细做强。现在已经从产品分工时代到了价值链分工时代，所以要充分发挥昆山原有的优势，在此基础上在价值链上的某一个环节、某一个工序、某一个零部件进行创新，从而为全世界配套。

产业转型升级不是转产升级，原有的产业只要能挣钱、不污染环境，能带动就业、能上缴利税、能促进经济增长，就要让它生存下去，不能简单丢弃。无论是对传统产业的企业，或是对新兴产业的企业，都要细心呵护。传统产业的衰落速度要和新兴产业的成长速度匹配起来，产业升级千万不能丢弃了原来的产业优势。

第二，新兴产业发展要持续的优化综合环境。昆山人要拿出当年招商引资的劲头和当年优化投资环境的劲头，来优化综合环境，把全球的创新资源够聚集到昆山，为昆山所用。一要招才引智，这是发展创新一体化的重要方向。二要营造综合环境，包括创业环境、金融环境、生活环境，因为高端人才有教育、娱乐、医疗等各种需求，还需要高档的别墅和咖啡馆，这就是建立国际化的城市，就是搭建创新的载体。规划昆山未来城市的框架要有大视野，以创新活动来提供人居环境、安全环境、生态环境、人文环境。我们不但要宣传先进的制造业，还要宣传文化遗产、呵护传统文化，比如顾炎武、千灯、周庄。意大利小偷虽然多，但为什么我们还要去？因为那里的文化遗产太吸引人了，每一块石头都有故事。昆山靠着上海发家，今后发展还要依靠上海。昆山靠开放获得发展，今后以后还要靠开放推进现代化，实现经济转型和创新发展。在产业选择上要非常慎重，还是要坚持市场主导。

赵伟：就西方国家历史来看，我认为没有产业政策的国家反而发展得更好，这一点在比较日本和美国时很清楚。20 世纪 80 年代，美国政府在做什么？减税。减税促成了廉价资本，所以资本满天飞，飞到硅谷搞风险投资，到了 90 年代就发展出了 IT 产业，形成了极大的竞争优势。日本政府在 80 年代做什么？政府在做产业政策，按照一些智库的建议规划战略性产业，用政府财政进行扶持。到了 90 年代，日本的发展疲态就出现了，许多产业转移到了具有同样生产能力的中国。所以产业政策的制度要慎而又慎，不能政府武断地选择。政府需要做的就是把投资环境搞好，建好综合环境，然后让产业和企业在市场的选择中优胜劣汰。对于那些失去创新能力的企业就允许它们破产，破产以后有创新能力的产业就能把那些破产企业资源重新吸收利用，产生更高的效率。

　　昆山市政府办公室：现代化不仅只是产业发达、经济发展，更注重人的主观感受，注重幸福感和满意度，这其中社会建设和文化建设要发挥重要的作用，我想请问几位专家，针对昆山的外来人口占比高，产业工人较多，同时历史文化底蕴较为深厚的特点，在社会建设和文化建设上有何建议？

　　张二震：社会建设不能完全靠政府，政府提供基本的公共产品，而非基本的公共产品也可以用市场的办法供给，通过政府采购、招标、引进外来资本等方式实现。比如，昆山通过引进杜克大学，引进中国台湾的高端医疗机构，就满足了公众对高质量医疗、文化、教育资源的需求。社会建设如果都有政府来背负不仅沉重，而且不可持续。对于高端的医疗、娱乐、教育、文化等属于社会建设事业的项目，要用市场经济的理念，用开放的思路，通过引进外部资源来加以满足，从而提高本地总体的社会服务水平。外部资源不一定是外国的资源，也包括台资，包括上海、南京等外地的资源。同时，某些项目未必要昆山自己办，可以选择无缝对接和借用上海的优质资源。

　　基本现代化关键是人的现代化，而人的现代化的重要方面是人在精神层面的追求。政府要下大力气培育公民意识，培育开放包容的城市精神，提升城市的文化品位。文化可以作为产业来发展，包括旅游业、文化产品等载体，还可以成为现代服务业发展的主导方向。

责任编辑：洪　琼

封面设计：吴燕妮

版式设计：周方亚

图书在版编目（CIP）数据

转型、创新、现代化：昆山样本／王友明　主编 .

　　－北京：人民出版社，2015.1

（中浦院书系·论坛系列／冯俊主编）

ISBN 978 - 7 - 01 - 014249 - 4

I.①转…　II.①王…　III.①县级经济 - 区域经济发展 - 研究 - 昆山市

　IV.① F127.534

中国版本图书馆 CIP 数据核字（2015）第 283519 号

转型、创新、现代化：昆山样本
ZHUANXING CHUANGXIN XIANDAIHUA KUNSHAN YANGBEN

王友明　主编　唐灿明　副主编

人民出版社 出版发行

（100706　北京市东城区隆福寺街 99 号）

北京市文林印务有限公司印刷　新华书店经销

2015 年 1 月第 1 版　2015 年 1 月北京第 1 次印刷

开本：710 毫米 × 1000 毫米 1/16　印张：13.5

字数：200 千字　印数：0,001–1,500 册

ISBN 978 - 7 - 01 - 014249 - 4　定价：40.00 元

邮购地址 100706　北京市东城区隆福寺街 99 号

人民东方图书销售中心　电话：（010）65250042　65289539